O desenraizamento contemporâneo

Georges Balandier

O desenraizamento contemporâneo
O imediato e o essencial

Entrevistas a
Claudine Haroche e Joel Birman

Tradução de
Clóvis Marques

1ª edição

CIVILIZAÇÃO BRASILEIRA

Rio de Janeiro
2022

Copyright © Presses Universitaires de France, 2015
Copyright da tradução © Civilização Brasileira, 2022

Título original: *Le Dépaysement contemporain*

CIP-BRASIL. CATALOGAÇÃO NA PUBLICAÇÃO
SINDICATO NACIONAL DOS EDITORES DE LIVROS, RJ

B144d Balandier, George, 1920-2016
    O desenraizamento contemporâneo : o imediato e o essencial : entrevistas a Claudine Haroche e Joel Birman / Georges Balandier ; tradução Clóvis Marques. – 1. ed. – Rio de Janeiro : Civilização Brasileira, 2022.

    Tradução de: Le Dépaysement contemporain : l'immédiat et l'essentiel : entretiens avec Joël Birman et Claudine Haroche
    ISBN 978-85-200-1099-0

    1. Balandier, George, 1920-2016 – Entrevistas. 2. Civilização moderna – Século XXI – Filosofia. 3. Ciências sociais – Filosofia. I. Marques, Clóvis. II. Título.

22-76558   CDD: 301.092
                               CDU: 316.1

Meri Gleice Rodrigues de Souza – Bibliotecária – CRB-7/6439

Todos os direitos reservados. É proibido reproduzir, armazenar ou transmitir partes deste livro, através de quaisquer meios, sem prévia autorização por escrito.

Texto revisado segundo o novo Acordo Ortográfico da Língua Portuguesa.

Direitos desta tradução adquiridos pela
EDITORA CIVILIZAÇÃO BRASILEIRA
Um selo da
EDITORA JOSÉ OLYMPIO LTDA.
Rua Argentina, 171 — Rio de Janeiro, RJ — 20921-380 —
Tel.: (21) 2585-2000.

Seja um leitor preferencial Record.
Cadastre-se no site www.record.com.br
e receba informações sobre nossos lançamentos e nossas promoções.

Atendimento e venda direta ao leitor:
sac@record.com.br

Impresso no Brasil
2022

Os autores desejam agradecer profundamente a Arnaud Gaillard, que se encarregou da transcrição destas entrevistas.

Sumário

Prefácio: A necessidade do essencial
Claudine Haroche e Joel Birman   9

1. "Eu já tinha encontrado a história na
   adolescência"   19
2. As sociedades se fazem continuamente
   no movimento   35
3. Filiação ou afiliação?   51
4. O poder sem sacralidade e a eliminação da
   distância   63
5. Nuances, mestiçagens e efervescência na
   civilização   71
6. A reivindicação do essencial   89
7. Não somos construídos por uma sucessão
   de instantes   97
8. Antropologia do desenvolvimento e
   Terceiro Mundo   131
9. Os canteiros onde são fabricados o social,
   o cultural e o simbólico   143
10. A máquina de produzir poder: a arrogância e a
    destruição do calor humano   163

Prefácio
A necessidade do essencial

Platão pensava o conhecimento como "um processo de reminiscência" que nascia e se desenvolvia através do diálogo, definindo assim a anamnese.[1] Nesse sentido, Joel Birman e eu pressentíamos que as entrevistas[2] que desejávamos fazer com Georges Balandier — o qual não se cansa de lembrar o papel crucial da troca e do encontro em sua vida — poderiam apresentar um interesse valioso.

Nossos campos de pesquisa — a psicanálise e a filosofia no caso de Joel Birman, a sociologia e a antropologia no meu — se cruzavam, ao mesmo tempo remetendo aos de Balandier. O que compartilhávamos: a busca incessante das "relações de sentido fundadoras de uma civilização". O que nos separava, incitando-nos a essas entrevistas: o

---

[1]. Como frisa com justeza Bernard Stiegler em suas entrevistas com Philippe Petit e Vincent Bontems: *Économie de l'hypermatériel et psychopouvoir* [A economia hipermaterial e o psicopoder (Paris: Mille et une Nuits, 2008, pp. 27-28).

[2]. As entrevistas com Georges Balandier realizadas pela antropóloga Claudine Haroche e pelo psicanalista Joel Birman se deram em Paris, no ano de 2008 e, portanto, fazem menção a fatos ocorridos naquele período.

distanciamento geográfico, econômico e cultural de um país emergente, então em rápido processo de desenvolvimento, dotado de uma economia extremamente dinâmica que proporciona uma vida fácil às classes abastadas, mas de uma brutalidade extrema para a grande maioria; e a situação de uma Europa que se defronta com os problemas ligados à desterritorialização, à globalização, ao desânimo, ao cansaço, à inércia, ao mal-estar e mesmo à desorientação. À distância de gerações, enfim: Balandier faz parte do grupo de pioneiros que, a exemplo de Claude Lévi-Strauss ou de Roger Bastide, para citar apenas eles, prolongavam os trabalhos fundadores de Marcel Mauss e marcaram gerações — especialmente a nossa, a do imediato pós-guerra. Tendo publicado trabalhos iniciais marcantes logo após a Segunda Guerra Mundial, Balandier tem hoje um recuo no tempo, no espaço e no pensamento que desejávamos convidá-lo a evocar.

UMA CONTINUIDADE PROFUNDA NUM DEVIR PERMANENTE

É de uma forte ligação à própria ideia de civilização de que Balandier dá testemunho — civilizações próximas ou distantes, que se transmitiam de geração em geração. Homem dos lugares, das referências no espaço, no tempo, ele é também, e provavelmente antes de mais nada, um homem do movimento, da exploração e do engajamento. Antropólogo, ele vê, escuta, batiza, classifica — em

PREFÁCIO

suma, age. Suas palavras têm densidade. E seria pouco dizer que ele tem o dom da formulação que marca e fica: a qualificação de "situação colonial" data do início da década de 1950, antecedendo em pouco a expressão "Terceiro Mundo". As ideias de turbulências, grande sistema, desordem, labirinto e desvio viriam mais tarde, nas décadas de 1980-1990...

Nós tínhamos aprendido muito com esse pensador da continuidade profunda no devir permanente: queríamos saber mais ainda sobre sua experiência de testemunha engajada das emancipações coloniais e de explorador, um século depois, daquilo que chama de "novos novos mundos" contemporâneos. Foi assim que o convidamos a evocar seu percurso, a se relembrar do aqui e do distante, ele que compartilhou, com tantos e diferentes companheiros, momentos de vida, engajamentos por culturas e civilizações outras, combates por sua história e seu direito "a voltar a ser o que eram".

Nas entrevistas que se seguem, Balandier expressa mais uma vez questionamentos, arrisca hipóteses, expondo suas observações com incansável curiosidade, propondo interpretações provisórias e fortes — prudentes e audaciosas —, abrindo caminho para a construção de novos instrumentos de pensamento. Para tentar elucidar o complexo, o confuso ou o incerto, ele se abstrai do real, ao mesmo tempo que dá conta dele de maneira concreta.

Um traço marcante ressalta no pensamento de Georges Balandier: o movimento. Balandier inscreve-se numa história dos povos e dos indivíduos que nunca é dissociada do político. Assim é que relata a maneira como a África representou para ele uma experiência decisiva e o ponto de partida de seus trabalhos, de seus questionamentos, de seus engajamentos. Dando mostra de uma sensibilidade aguda para a dominação, a humilhação, a necessidade de resgatar uma dignidade insultada ou ignorada, Balandier capta o vivenciado no observado e descobre então "outras maneiras de construir o social e o significado, de conferir sentido a uma história singular, a do desenraizamento, nas provações de uma guerra de libertação". Assim é que, muito cedo, ele vai pressentir o papel decisivo das reivindicações dos destituídos, a ascensão das novas nações, sua aspiração à independência. O discurso antropológico forneceu-lhe as ferramentas para pensar. Com esse percurso, no entanto, ele abriria um outro caminho para a antropologia.

Balandier questiona-se aqui sobre a maneira como se pode sair da dominação colonial, das despossessões e humilhações da posição de colonizado. Com peculiar arte do questionamento teórico, ampliando a análise e generalizando seu discurso, ele se pergunta: "Como entrar numa história na qual se volta a ser protagonista, como construir o atual que liberta diante do passado reencontrado?" Evoca então sua profissão, que define como o empenho de "contribuir para fazer ver de outra maneira, ajudar a identificar e reconhecer o que está em devir". Tenta, segundo diz em várias oportunidades, elucidar as situações mais opacas, mais incertas, discernir o inaudito e o inédito. Que tipo de antropologia construiu ele? Ele teve o projeto de "uma antropologia dinamista, que dá lugar ao conflito, ao movimento contínuo das sociedades e das culturas. Nada nunca está pronto, tudo se produz e se constrói continuamente."

PENSAR É INDISSOCIÁVEL DO MOVIMENTO

Balandier lembra que, "adotava a postura inversa [da] concepção do 'africanismo das sociedades da tradição'", e que, portanto, foi levado desde logo a uma antropologia do desenvolvimento. Já em seus primeiros trabalhos sobre a colonização, em 1951, ele fala de "situação colonial". Sua tese, *Sociologia da África negra*, data de 1954; em seguida ele publica trabalhos sobre a relação desenvolvimento/subdesenvolvimento. Vem então a voga da expressão "Terceiro Mundo", que ainda hoje lhe causa espanto. Ele desenha de maneira límpida, indo diretamente ao essencial, os elementos de uma breve história desse conceito, que não remetia a um "terceiro bloco" de nações. O referencial era antes o "Terceiro Estado" do abade Sieyès, designando a ascensão de nações que, então pesando "pouco" no cenário mundial, viriam a demandar "muito", pois eram as mais numerosas, detentoras das riquezas básicas e aspiravam à liberdade. Ele se espanta com a difusão planetária da expressão, com sua tradução por *Third World*, transformada em fórmula que acompanha um período: "o período das emancipações coloniais e da reapropriação das histórias 'outras'".

Mas também se questiona com acuidade sobre a antropologia de hoje. Que se deve entender, afinal, por "antropologia"? Ele revela que, há cerca de vinte ou trinta anos, "sabia": a antropologia era a disciplina "que trata das diferenças, que observa e confere sentido e humanidade aos mundos dos homens de outros lugares". Pensador da continuidade profunda no devir permanente, ele revê o que constatava então: "Descobrimos que o sentido, figura do conhecimento profundo, está no movimento e que assim ocorre em todas as sociedades", ao mesmo tempo que esclarece: "ainda que tenham apenas — o que é atualmente o nosso caso — um devir confuso, ainda que nada revelem, ou só muito pouco, daquilo para que tendem".

Entretanto, esse movimento contínuo, quando se torna excessivamente rápido e desordenado, leva a períodos de turbulência, confusão e mesmo caos. É essa aceleração, especialmente com os avanços tecnológicos contemporâneos, que leva Balandier a se questionar sobre o instante, o imediato. O esgotamento dos referenciais, no espaço e no tempo, efetuaria o rompimento com a repetição, levando a uma adição de instantes que tem efeitos sobre o sujeito. Ele questiona então a maneira como seria possível situar-se quando não há continuidade, mas sucessão de momentos. A identidade psíquica, assim, é questionada.

Balandier examina as condições contemporâneas da construção de si, que ignoram a formação lenta do indivíduo, os aprendizados difíceis no tempo, que requerem

PREFÁCIO

uma produção contínua de si mesmo. A continuidade, a duração de que o ser humano precisa para se estruturar, é entravada continuamente pelo frenesi de impressões e movimentos que a sufocam: em que há uma fragmentação do ser, uma limitação, um empobrecimento e mesmo a impossibilidade de um espaço interior do indivíduo. Cabe, portanto, temer particularmente a eliminação das diferenças, as tendências homogeneizantes da globalização, a possível indiferenciação crescente ligada ao "devir ascendente das técnicas, na potência e no poder-fazer que elas continuamente proporcionam": pois "quanto mais aumenta o poder, a capacidade de fazer, menos se amplia a de civilizar".

É precisamente este o papel decisivo da antropologia, de explorar pelo conhecimento esses "novos novos mundos", em relação aos quais não temos consciência do que são, daquilo que neles nos tornamos, nos quais somos como estrangeiros. Balandier considera que a antropologia recente definiu sobretudo seus métodos, ela "perdeu o que está em sua própria origem (...) um forte desejo de curiosidade, que nasce da necessidade de ir ao encontro do desconhecido". Embora se espante com a permanência dos questionamentos sobre as relações entre antropologia e política, ou seja, "na retomada, em termos atuais, dos problemas contemplados há cerca de cinquenta anos", ele se espanta ainda mais com o caráter inusitado de questões perfeitamente inéditas: a *diferença*, maltratada pela aceleração da modernidade e a modernidade globalizante, que alimenta a violência do sagrado.

AS DIMENSÕES DA TRANSCENDÊNCIA:
O APAZIGUAMENTO E O FANATISMO

Uma questão decisiva se impõe: a dos efeitos psíquicos acarretados por essas transformações. Como alguém se constrói atualmente, sob a pressão contínua das coisas? Que homem pode nascer daí? Balandier muito cedo compreendeu, a partir do vazio político gerado na África pela colonização, o papel decisivo do sagrado. Assim, "os africanos, não dispondo de uma linguagem política ativa (...) despojados dessa linguagem própria e de sua história, transformaram o sagrado no substituto suscetível de ser oposto a uma gestão dominadora e à linguagem administrativa"... A inovação religiosa voltava a ser um meio de expressão política. Em sentido inverso da cultura do avaliável dos contemporâneos, "a transcendência 'dizia', inquietava e tranquilizava ao afirmar; já agora, a competência especializada e a cultura do resultado parecem tomar o seu lugar".

A transcendência conta, sem ser mensurável: seria a face oculta do não especializável, do não avaliável, ou seja, ela tende a se preocupar com o *essencial*. O que não pode ser avaliado nem por isso pode ser apagado: a necessidade e a reivindicação do essencial dificilmente mensurável não podem ser suprimidas. Isso acarreta consequências decisivas no plano ético. A transcendência em ação no psiquismo humano perdura: ela revela uma necessidade de essencial dos indivíduos, mesmo em suas formas mais regressivas, *diante do poderio ilimitado*.

PREFÁCIO

Mas não tranquiliza necessariamente, podendo incitar ao ódio e à violência. "Hoje, ressurgem transcendências, mas não, em absoluto, nas formas que assumiram na longa duração histórica, [mas] como meio de expressão de uma reivindicação de essencial. (...) Esse impulso de transcendência deveria contribuir para a disciplina pessoal e o apaziguamento, mas é o contrário que acontece." Ao colocar que não somos construídos por uma sucessão de instantes, ao insistir na continuidade mais do que na duração, Balandier, percebendo a necessidade de uma continuidade entre o lugar, o vínculo e a afiliação, lembra os questionamentos fundamentais da antropologia. Especialmente os de Marcel Mauss, que se deteve particularmente sobre a categoria do eu, da pessoa. O movimento acelerado afasta as pessoas do que era sua relação com territórios, lugares, no sentido antropológico da palavra. Esse afastamento também afeta, portanto, os significados históricos. "As técnicas do imediato, do imaterial, a informática e a digitalização do mundo mudam radicalmente o tempo da decisão e da ação."

Constatando a *fluidez* onipresente dos mundos contemporâneos, Balandier preocupa-se com suas consequências, capazes de pôr em causa a própria ideia de civilização. "[A] civilização está constantemente em busca do que vai fazer sentido, do que vai produzir as condições para o desenvolvimento de um 'vínculo' durável." Sem ela, subsistiriam apenas jogos de poder destituídos de sentido, provocando regressão. Semelhante incerteza sobre nosso futuro possível vai muito além da confusão ou da desorientação, advertindo Balandier contra o crescente "risco de que se constituam formas aberrantes e nefastas do social". E, no entanto, seus trabalhos revelam uma dimensão profundamente construtiva: lúcido, o antropólogo ignora a passividade, a desistência, a destrutividade, o niilismo. É um ser do fazer, do movimento e do conhecimento, embora lembrando que ainda se sabe muito pouco: o conflito, os combates, as lutas contínuas fazem a história. Balandier está na continuidade, ao mesmo tempo que enfrenta com decisão a incerteza. Pode assim reconhecer que "sabemos pouco, muito pouco". Mais ainda, "Precisamos ser capazes de dizer: 'Eu não sei'", mas talvez venha um dia a saber de outra maneira: "[Nós] ainda não queremos entender nem admitir que a história possa ter-se desenrolado de outra forma em outros lugares, que a construção das sociedades e culturas se possa ter feito de outra maneira nesses lugares. É nisso que a antropologia se tornou ainda mais necessária: ela prepara para o reconhecimento, para o menor desconhecimento do que são hoje os homens de algures."

Coloca-se assim a questão de saber se podemos entender a alteridade e até que ponto. Se entender pode ser totalmente desprovido de apreciação, será que podemos, como nos convidava Max Weber, discernir claramente e sempre os julgamentos de fato dos julgamentos de valor?

Claudine Haroche e Joel Birman

1. "Eu já tinha encontrado a história na adolescência"

Ao longo dos seus trabalhos, o senhor sempre se interessou pelo político e pela política. Percebe-se invariavelmente em seus escritos um interesse constante pelas questões da atualidade e, nelas, pelas profundas transformações em andamento. Qual o motivo desse ancoramento na atualidade? Seria uma dimensão ética e política permanente no seu percurso?

É possível apresentar as coisas dessa maneira, mas para mostrar a pertinência dessa interpretação será preciso retomar a história desse percurso, ainda que brevemente. Sem querer ceder ao narcisismo ou à autocomplacência, esse percurso deve ser visto como o de alguém que atravessou períodos de turbulência, períodos nos quais a história muitas vezes é trágica. No exato momento em que a derrota francesa — vamos partir daqui — se revela sem saída, sem nenhuma saída senão o "poder" de um velho marechal que vende o que pode vender do que resta do país, eu tenho menos de 20 anos. Defronto-me com essa "agressão" de ter de viver, em Paris, submetido a uma lei que não é minha, sob a lei de um ocupante que decide quem tem o direito de viver, quem tem o direito de comer, quem tem o direito à felicidade. Na Paris sob ocupação, todos os trajetos são delimitados pelo exército alemão, definidos de acordo com as necessidades do exército alemão — necessidades de comando, mas também necessidades de divertimento, de prazer dos soldados vitoriosos. Eu experimento ao mesmo tempo um sentimento de vergonha e de culpa por estar me submetendo.

No meu caso, o sentimento de vergonha é forte porque sou originário do leste da França, na fronteira entre as regiões de Vosges e da Alsácia. Fui criado, ainda menino, num clima de patriotismo revanchista, querendo que os *boches*[1] fossem postos no seu devido lugar. O que eu descubro em 1940 é o alemão que me põe no lugar do fracassado. Do lado da minha família materna havia uma relação muito estreita com o catolicismo e mais precisamente com a Igreja. Havia padres na família, párocos, e assim desde muito pequeno eu me vi diante do altar da

---

[1]. Termo depreciativo usado pelos franceses para se referir aos alemães a partir da Primeira Guerra Mundial. (*N. da E.*)

"EU JÁ TINHA ENCONTRADO A HISTÓRIA NA ADOLESCÊNCIA"

Virgem. Descubro então, em 1940, uma Igreja em grande medida cúmplice do falso poder resultante da derrota. Sinto-me de certa maneira desorientado, com menos de 20 anos, em dois planos que haviam sido precisamente os da minha formação na infância: o patriotismo (a linha azul de Vosges[2]) e a fé (tudo se deve esperar do repouso no Cristo). O que eu descubro é algo muito diferente.

Acrescente-se a isso a escassez de professores, numa Paris ocupada na qual eu tento concluir na Sorbonne uma licenciatura em letras modernas e logo também uma formação em filosofia. Alguns dos que então ensinavam, entre eles o sociólogo Maurice Halbwachs, com quem convivi um ano apenas, pois ele logo seria deportado, tinham coragem de falar ou de fazer alusões. Na Sorbonne, a fala era pouco comum, quando existia; e era corajosa porque era pública, difundida em anfiteatros, ao alcance do ouvido de quem vigiava. De modo que também aí eu vivenciei a ambiguidade de quem tem de estudar num meio muito vigiado, onde se tenta usar a palavra, mas ao mesmo tempo se é obrigado a contê-la. Caso ela não seja contida — o que aconteceu com dois de meus professores na Sorbonne — vêm a exclusão, a prisão e algo pior. Fui, portanto, esse rapaz de menos

---
2. Expressão cunhada pelo escritor francês Jules Ferry (1832-1893) para se referir à cadeia montanhosa que limitava essa região da França com uma outra, a Alsácia-Lorena, na época ocupada pela Alemanha, após a derrota francesa na guerra de 1870-1871: a "linha azul de Vosges" representava a solidariedade com os compatriotas do outro lado da fronteira e o desejo de reunificação do chamado revanchismo francês. (N. do T.)

de 20 anos mergulhado na derrota de seu país e depois um estudante que gostaria de acreditar que a Sorbonne ainda está na Sorbonne, que tudo vai continuar dentro de limites aceitáveis, mas descobre brutalmente que toda fala é uma fala de risco e que a resistência começa pelas palavras. Ele constata então que não é possível transmitir o conhecimento, já que não se pode dizer com liberdade.

Antes mesmo de pensar no que viria depois da graduação conquistada (um diploma de ensino superior no Institut d'Ethnologie), vem a obrigatoriedade do STO Service du Travail Obligatoire para os jovens da minha idade. Eu me recuso então a ceder à exigência alemã, tanto mais que meu irmão menor, tentando passar clandestinamente para a Suíça, para chegar à França Livre, na Inglaterra, foi detido e feito prisioneiro na Suíça, lá passando toda a guerra, num campo. Eu tinha esse exemplo próximo da recusa possível, apesar do fracasso, frente à obrigação de servir à Alemanha nazista em trabalhos forçados, o que me deixou com um patriotismo de esfolado vivo. Assim, eu rompi. A partir do momento dessa ruptura — a recusa de ser enviado a Oslo para trabalhar como servente no porto — eu me tornava não só um rebelde, mas um indivíduo sem documentos. Vivi, portanto, essa situação de ter de enfrentar uma polícia brutal, que procedia a revistas nos transportes coletivos, nos estabelecimentos públicos, nos bistrôs e restaurantes. E me vi na situação de um rapaz que não tem mais identidade nem domicílio fixo.

"EU JÁ TINHA ENCONTRADO A HISTÓRIA NA ADOLESCÊNCIA"

Fui me instalar na minha província do Leste, perto do inimigo, na casa de minha avó materna, que me hospedou durante algum tempo. Em seguida, tive um contato com a Resistência local. Alojei-me com camponeses e então fui convidado a entrar para o *maquis*,[3] depois de ter trabalhado na inteligência para uma unidade ainda inativa das Forças Francesas do Interior. É esse o momento em que os acontecimentos conferem toda força aos meus contatos. E por sinal eu já tinha encontrado a história na adolescência. Neste país, em 1934, a direita tentava tomar o poder, com atos de violência em Paris. Em 1936, a esquerda julgou ter tomado o poder: na realidade, enfrentava uma situação extremamente confusa, sob muitos aspectos bloqueada. Eu já tinha vivenciado essas transições, esses momentos históricos, sem lhes dar grande atenção. O que se seguiu foi muito mais decisivo: estou com 20 anos, entrei na história com uma derrota e uma vergonha, seguidas de uma espécie de resgate pessoal através da insubordinação e da resistência: "não aceitar" foi o grande momento do meu aprendizado para chegar à "idade adulta".

Não vou ceder à tentação do discurso frisando o fato de que pertencer a um *maquis* significa matar, julgar, tomar decisões em certos casos necessárias para a salvaguarda, mas não necessariamente respeitando a justiça. É de outra maneira que o guerreiro se integra a uma

---

[3]. Grupo da resistência francesa, assim chamado em razão dos arbustos *maqui* onde se escondiam para emboscar nazistas. (*N. da E.*)

escola da dureza. Nessa escola rude, onde convivemos com a morte, onde o caráter arbitrário do julgamento pode ajudar a salvar a própria pele, eu aprendi "muito", sobretudo o quanto é difícil assumir a violência. Mesmo quando temos o direito a nosso lado, o direito da pátria com a honra ofendida. O que também aprendi foi o verdadeiro sabor da liberdade. Eu já tinha tendência a buscá-la, por uma certa inclinação libertária, ou seja, uma "religião" pessoal intransigente frente aos atentados à liberdade. Minha região é vizinha do Franco Condado, nas proximidades de Besançon. É a terra de Victor Hugo, dos irredutíveis e de Proudhon, a terra de Fourier, dos insubmissos e dos relojoeiros, vale dizer, dos homens independentes pelo trabalho nobre e muito ciosos de sua autonomia; todo um meio libertário que me havia formado e me permitiu experimentar durante o período no *maquis* uma outra expressão do meu apego à liberdade: a medida de seu valor e seu preço. Liberdade para si mesmo, liberdade para os outros. Foi então que me dei conta de como seria impossível humilhar os outros, impor a própria lei aos outros através da violência sem humilhar a si mesmo. Posso dizer que mergulhei na história, que desde muito cedo me banhei nela, através do que mencionei, em relação ao pré-guerra, e depois pelo teste da Resistência, que teve o efeito de um banho revelador.

Como haveria então de resvalar para o que pudesse satisfazer meu desejo da África, como haveria de me deixar educar e iniciar pela África? Que deveria fazer lá? Por que

"EU JÁ TINHA ENCONTRADO A HISTÓRIA NA ADOLESCÊNCIA"

estar presente, na passagem para o imediato pós-guerra? Valendo-me do diploma do Institut d'Ethnologie, das referências de minha passagem pelo Musée de l'Homme, na amigável companhia de Michel Leiris e Denise Paulme, candidatei-me a um cargo de etnógrafo ou etnólogo[4] (na época, não havia diferenciação). Um cargo ficou disponível em Dakar, no Senegal. E eu viajei para lá, para trabalhar no Institut Français d'Afrique Noire.

Como foi que encontrei a história *de outra maneira*? Minha especialização se deu no Institut d'Ethnologie, e não na Sorbonne, pois a antropologia, a sociologia e as ciências sociais ainda eram subúrbios pobres da filosofia. O centro nobre continuava sendo a filosofia. De modo que o essencial de minha especialização nessas disciplinas vem desse lugar incrível, o Institut d'Ethnologie, localizado no Palais de Chaillot e vinculado ao Musée de l'Homme. A formação se dava pelo ensino e por trabalhos práticos; retomada de cursos anteriormente dados por Marcel Mauss, ensinamento de Marcel Griaule e de antigos governadores das colônias, entre eles Henri Labouret, que tinha "comandado" no Alto Volta (atual Burkina Faso). O ensino era ao mesmo tempo convencional e inédito, pelos depoimentos e pelas ilustrações apresentados. A liberdade que se podia ter nesse ensino tinha a ver com a exaltação das civilizações de outros

---
4. De acordo com a diferenciação clássica dentro da antropologia, a etnografia é o estudo descritivo de diversas etnias, enquanto a etnologia é o estudo analítico e comparativo. (*N. do T.*)

lugares; no meu caso, a África. A audácia levava a descartar a "selvageria", que fora vista pelo filtro filosófico (século XVIII) ou pelo filtro colonial (século XIX). São civilizações diferentes, mas reais, que era necessário reconhecer e que podiam ser grandes. Marcel Griaule muitas vezes dizia, referindo-se aos *dogons* do Mali: "Eles têm uma cultura que se expressa em linguagens e simbolismos dignos de uma grande época da Grécia antiga." Eu considerava essa maneira de abordar os povos de outras terras, mais do que justificada, necessária. Era preciso provar que a África é civilizada e que, portanto, não é colonizada porque seria fundamentalmente colonizável. Se atualizarmos a observação, vamos dar numa posição que desde muito cedo foi adotada por mim, em conivência com uma nova geração de intelectuais africanos; em solidariedade com o movimento político que pensa a independência, a discute e a prepara.

Em Dakar, por motivos logísticos — um alojamento impossível de encontrar —, eu me vi em situação provisória, com uma cama de acampamento no Département de Zoologie do Institut Français d'Afrique Noir. Fui então socorrido por um amigo africano que conheci na casa de Leiris em Paris, Alioune Diop. Era um alto funcionário, chefe de gabinete do governador-geral da África Ocidental Francesa, liberal apoiado pela SFIO [Section Française de l'Internationale Ouvrière]. Ex-professor e "homem de cultura", como gostava de dizer, Alioune marcava bem sua diferença. Tinha uma reivindicação dissociada do discurso etnológico e igualmente do discurso radical de

"EU JÁ TINHA ENCONTRADO A HISTÓRIA NA ADOLESCÊNCIA"

certos jovens intelectuais. Considerava que a África haveria de se afirmar e se libertar através de suas culturas. Foi o momento cultural, e não culturalista, da retomada de iniciativa. Tanto mais que Senghor ainda estava em Dakar, que Césaire ampliava sua influência e que havia a presença de jovens escritores que reanimavam a criação literária, entre eles um sobrinho dos Diop, poeta morto muito cedo num acidente. Uma vida intelectual se desenvolvia, ao mesmo tempo que um pensamento político em busca de uma definição das relações pós-coloniais entre metrópole e países da África.

Tudo isso me engajou num outro caminho da história que se faz, e não mais no da recusa de minha própria dependência através da resistência à Alemanha dominadora. É o engajamento na história dos outros, no seu movimento de busca da liberdade, de retomada de seus meios de expressão e ação. Ter uma cultura para si e uma história feita por si mesmo. Tornei-me, assim, o aliado intelectual e, segundo as circunstâncias, o aliado "ativo" dos portadores da independência africana.

Devo aqui abrir um parêntese. Um clima de fraternidade se estabeleceu com Alioune Diop. Eu estava tão mal instalado que ele imediatamente me convidou a me hospedar em sua casa. Assim foi que vivi na Dakar do imediato pós-guerra, ainda colonial, começando a ficar obcecado com a ideia de que a relação de dependência ia se fissurar. Vi-me com uma família africana, hospedado com muita amizade, mas essa relação tinha um lado escandaloso. Os brancos eram *toubabs*, no léxico colonial, e os negros, *bougnoles*. E viver em harmonia com os negros era ser um *bougnófilo*, viver uma relação indecente e inaceitável para um mundo colonial que, no entanto, se tornava mais vulnerável. Mas ao mesmo tempo se tinha a sensação da importância do que os intelectuais africanos diziam e faziam, a sensação de que estava nascendo algo diferente que obrigaria os "europeus" a se definir de outra maneira na relação política e cultural, e também na vida cotidiana, pelos pequenos atos de todos os dias. A coisa começava a se mexer. Foi então que imaginamos, juntamente com Alioune Diop, o iniciador, e alguns dos eminentes visitantes que ele recebia em casa, a criação de uma revista que mostraria a nova situação: uma África que voltava a ser africana. Como entrar numa história na qual se volta a ser protagonista, como construir o atual que liberta diante do passado reencontrado? Eu havia sugerido um nome muito ruim: *Découvertes* [Descobertas], no plural. Meio bobo. Enquanto isso, Alioune fora eleito para o parlamento francês. Assim foi que a revista começou a ser feita em Paris, com um brilhante comitê de apoio: Gide, Sartre, Camus, Mounier, Leiris, Naville e outros. O nome adotado, enquanto eu ainda estava na África, foi sugestão de Sartre: *Présence Africaine* [Presença africana], escolha de filósofo bem à maneira sartriana. Um belo nome. Eu colaborei no primeiro número, em 1947, com um artigo de título provocador: "O negro é um homem."

Eu tive então uma breve vida de "jovem e brilhante escritor", um ano no rastro de Sartre, Beauvoir, Camus e desfrutando da amizade de Leiris. O motivo pelo qual meus pelos facilmente se eriçam quando examino o meio intelectual de hoje em dia é que ele me parece fraco em relação à força que se desprendia dessa época efervescente, e talvez também carente, se olhada de perto. Bem rápido, uma confidência: queriam que eu continuasse parisiense. A pedido de Louise Leiris, escrevi dois pequenos textos nos primeiros números de *Les Temps Modernes*, duas resenhas de exposições em sua galeria: sobre Kandinsky e Beaudin, se não me engano. Eu havia entregado a Maurice Nadeau, que era cronista literário no diário *Combat* (o jornal da Resistência e dos intelectuais nessa época) e acabava de criar sua coleção Le Chemin de la Vie, o manuscrito de um livro (que se esgotou) muito inspirado em minha amizade com Michel Leiris e mais precisamente em *A idade viril*. Eu escrevia o protesto de um rapaz de cerca de 20 anos que vomita sua civilização por apenas ver "barbárie" nela, pelo que acaba de acontecer nela, que vomita tudo, por sinal, sua civilização, sua própria Resistência, sua sociedade, as mulheres e os homens, tudo no mesmo saco. Era mais do que o protesto de um indignado; quando se é um jovem atirado numa história trágica, não se é apenas um indignado, mas se rejeita tudo, se é cáustico, violento, exprimindo a própria violência em palavras, sem freios. A coisa foi encarada de forma convencional: "Confissões de um filho do século." O livro foi publicado por Maurice Nadeau na coleção Le Chemin de la Vie, que indica o caminho da vida como sendo o caminho da liberdade.

O livro é *Balanço final*, título que seria emprestado mais tarde,[5] mas como nunca tive realmente um senso muito agudo de propriedade, deixei estar. Foi-me inclusive "roubado" por um romancista, Georges Conchon, no plural por mim imaginado, ao passo que a expressão comum era no singular.

Ao desenvolver um pensamento, estamos constantemente compartilhando, tomando emprestado. Não existe realmente propriedade intelectual. O senhor não considera que é antes um bom sinal emprestar e mesmo ser pilhado? Existem pessoas às quais nunca se pode tomar emprestado...

Seja como for, foi esse o meu ponto de partida. Gostaria de lembrar o que o movimento *Présence Africaine* e a afirmação da "negritude" representavam então, embora os jovens militantes radicais achassem que essa visão não era suficientemente marxista, que esse horizonte da libertação pela cultura não tinha a força suficiente nem a exigência libertadora da luta de classes. Mas eles estavam confusos com um ponto teórico: como definir as classes num meio africano ainda colonial, com uma classe dominante "exterior" e estratificações propriamente africanas apresentando um meio de resistência por efeito da tradição reativada? Com toda certeza, Alioune Diop levava a melhor. E por

---

5. Referência ao livro autobiográfico publicado por Simone de Beauvoir em 1972. (*N. do T.*)

"EU JÁ TINHA ENCONTRADO A HISTÓRIA NA ADOLESCÊNCIA"

sinal durante algum tempo fui corredator-chefe da revista *Présence Africaine*. O que frisava minha relação privilegiada com a África, sem entrar no que seria um comunitarismo fechado com meus amigos. Foi no meu primeiro longo retorno da África, no início da década de 1950. Na verdade, eu era corredator com o escritor Bernard Dadié, futuro ministro da Cultura da Costa do Marfim. Eu acrescentaria que Alioune Diop e nosso grupo (do qual fazia parte Jacques Howlett) fomos consultados por Alain Resnais. Juntamente com seu amigo Chris Marker, ele entrou em contato conosco quando preparava a filmagem de *As estátuas também morrem*, sobre a arte africana, com um discurso anticolonialista traduzido nos objetos. Inclusive esse anticolonialismo foi compreendido como tal, pois a exibição pública do filme foi proibida durante alguns anos. Era autorizada apenas uma exibição restrita, em cineclubes e cinemas de arte. Era um desafio. Pouco tempo antes, Resnais havia produzido seu filme sobre a deportação e os campos, *Noite e neblina*. Alain Resnais não fora à África, mas queria protestar contra o colonialismo com um discurso sobre os objetos, mostrando que esses objetos, que os ocidentais haviam transformado em veículos de exotismo, em provocações estéticas ou em temas de museologia, podiam contar uma outra história: a história de um sofrimento e de uma reivindicação. Foi o que o censor percebeu.

Existe uma certa analogia entre a condição francesa sob a Ocupação e a condição colonial: sofrer no próprio país — assim como elementos de possível identificação entre ser prisioneiro das restrições do regime pétainista ou nazista e a condição de colonizado.

Existe um dado de possível identificação, embora não seja comparável termo a termo, tanto que o dominado (a colônia) contribuiu grandemente, por sua participação na guerra, para a libertação do dominante (a potência colonial). Mas de fato vamos encontrar nos dois casos essa ideia de que estamos em casa, embora não estamos. É através do "não estamos em casa" que sofremos a vergonha, a perda, uma violência funesta. Isso quer dizer que somos joguete de uma restrição externa absoluta, de uma violência que decide sozinha *sua* própria forma, *sua* seleção brutal das pessoas e *seus* próprios limites.

O senhor acredita que sua decisão de ser antropólogo decorre desse sentimento de estar ao mesmo tempo em casa e fora de casa?

Sim, meu percurso foi determinado por uma ideia assim, mas também pela experiência concreta de vida pela qual eu passei. Ela foi muito forte. Eu pressentia que, numa época de turbulência — e eu percebia a aproximação de uma história muito mais turbulenta, que por sinal aconteceria —, se eu quisesse entender o que estava sendo feito, não só em casa, mas lá fora, seria necessário proceder a um duplo desenraizamento: situar-me fora de casa e utilizar o que eu aprendo nesse "desvio" para melhor reconhecer o que aparece em casa. E vice-versa. Esse duplo movimento deveria ser adotado por todo antropólogo, mas não foi esse o caso durante um longo período. A história da antropologia mostra que o percurso muitas vezes, com raras exceções, não é este, visando a melhor conhecer o outro, para em seguida explicar a si mesmo através do outro. Na pretensão de ser puramente científico, durante muito tempo se corroborou, sobretudo na França, o enclausuramento num só "terreno".

E por sinal essa situação de estar em casa e não estar em casa gera uma espécie de aparição do "em casa antropológico", ou seja, uma inscrição na dinâmica social que seria indissociável de uma dinâmica política do social...

Se tivesse ficado preso na etnologia que me fora ensinada, eu teria ficado enclausurado no intemporal, enclausurado numa concepção mais do que a-histórica, uma concepção que priva de história os povos "primeiros". Entretanto, ao descobrir em Dakar que as coisas rapidamente se mexem, eu tento acompanhar o movimento proveniente dos próprios africanos, entender o que eles buscam e o que querem construir a partir do que são: trata-se ao mesmo tempo de suas tradições, para reencontrar sua história, e da liberdade que exigem. Eu saio da posição "confortável" daquele que diz ao outro: "Tenho ferramentas intelectuais para conhecê-lo melhor do que você mesmo, vou lhe dizer quem você é, vou até lhe mostrar sua imagem reproduzida por minhas 'máquinas'." Eu nunca desempenhei esse papel.

A princípio, por retraimento, essa não era a minha opção. Eu achava que havia uma espécie de indecência nessa posição. Em vez disso, eu viria a acompanhar o movimento daqueles que encontrava fora da minha casa, na África. A virada, portanto, se dá bem cedo.

Vocês me dizem que a dinâmica social leva a abordar os problemas de sociedade, de cultura e civilização não de uma maneira "descritiva" — que pode ser elogiosa, lisonjeira para quem é descrito —, mas, ao contrário, a buscar o verdadeiro sentido que se esconde no movimento. O sentido não é estabelecido numa espécie de eternidade da cultura, da sociedade como formas definidas de uma vez por todas. Descobrimos que o sentido, figura do conhecimento profundo, está no movimento e que assim ocorre em todas as sociedades. O sentido continuamente se constitui naquilo que as sociedades se tornam ao realizar seu próprio movimento, ainda que tenham apenas — o que é atualmente o nosso caso — um devir confuso, ainda que nada revelem, ou só muito pouco, daquilo para que tendem. O sentido é atribuído no próprio movimento que é "esposado", em algo diferente da gestão dita política, mas reduzida a uma governança sem conteúdo suficiente. Uma época se diz na maneira como se produz e se projeta no devir. Desse modo, as épocas não só indicam aquilo para que gostariam de tender como também revelam uma parte do que são nesse exato momento. O movimento é um desnudamento, deixa entrever. E a ideia do movimento e a história constituem a consumação dessa relação de sentido.

2. As sociedades se fazem continuamente no movimento

O que você quis dizer ao falar, retomando uma categoria de Sartre, de "situação colonial"?

É verdade, eu utilizei o conceito eminentemente sartriano de *situação* para transformá-lo em ferramenta intelectual central da *démarche* que tentava fazer valer. Um de meus textos, que certamente marcou a antropologia e outras ciências sociais, apesar de seu caráter "politicamente incorreto", assinalando minha maneira de efetuar uma ruptura, é o que eu dediquei a "A situação colonial: abordagem teórica", artigo publicado em 1951 nos *Cahiers Internationaux de Sociologie*, revista de que ainda hoje sou depositário e diretor. Esse conceito de situação colonial, por sinal, causa uma espécie de indignação, assim como minha hospedagem na casa de uma família africana, a família de Alioune Diop. De certa maneira, isso significava mostrar as cartas, expor o jogo, dizer aos pesquisadores de campo: "Cuidado, vocês também estão estudando uma situação de desigualdade, de dominação." Uma vez efetuadas a missão civilizatória e todas essas "belas coisas", o que também acontece na realidade? O que a "dominação" impõe, quais são as estratégias dos dominados para se defender ou, pelo menos, induzir em erro, esquivar-se, perturbar? Eu me lancei como portador dessa preocupação, nada bem recebida pelo meio tradicional, que na época se pretendia exclusivamente profissional. E aqui eu também assinalaria uma discordância com Pierre Bourdieu. Nós nos conhecemos na época em que nossas trajetórias apresentavam algumas semelhanças, mas sua grande construção teórica nos afastou. Ela o enfeixou em seu sistema interpretativo e seu modo de formulação — sua escrita.

O senhor falava de dominação na situação colonial. Está querendo dizer que existe movimento nessa dominação, de tal maneira que o dominado pode tornar-se dominante, ou menos dominado? É efetivamente o contrário do que diz Bourdieu, que, preso a classificações mais estáticas, recorre a categorias sociológicas congeladas de interpretação e de expressão?

Era aí que eu queria me deter. O que ele qualificava de *campos* acabava produzindo categorias com fronteiras e

AS SOCIEDADES SE FAZEM CONTINUAMENTE NO MOVIMENTO

delimitações, um encarceramento. Mas há uma experiência que Bourdieu foi um dos raros sociólogos a ter e que é, devo lembrar, comparável à minha. Não devemos esquecer que ele trabalhou na Argélia, em Cabília, e que isso representou para ele, num período crítico, a descoberta direta das reações à situação de dominação, assim como a descoberta de outras maneiras de construir o social e o significado, de conferir sentido a uma história singular, a do desenraizamento, nas provações de uma guerra de libertação. Foi sua experiência original. E creio que essa experiência e o engajamento inflectiram de certa maneira a sociologia que ele construiu. Depois, ele quis sistematizar excessivamente, em particular com a ideia de *reprodução*. Eu nunca fui convencido por essa ideia da reprodução, tal como apresentada por Bourdieu, sobretudo, mas também por outros. Para mim, trata-se na verdade de uma *produção* contínua, inacabada e inacabável. Se faço uma leitura dinâmica correta das coisas, se vejo as configurações do social fazendo-se continuamente no movimento, eu não determino etapas onde parar. Temos de nos interessar pela produção contínua, e não pela reprodução que mantém o idêntico, pela "repetição", pois existiriam forças sociais capazes de se reproduzir sem mudança da ordem formal dominante...

Trata-se antes da repetição do mesmo, e não da repetição diferencial, oposição que foi teorizada por Gilles Deleuze em Diferença e repetição. *Foi talvez a posição marxista então dominante que influenciou uma leitura como essa, na qual a dinâmica social se apaga e a ideia de estrutura chega ao primeiro plano da teoria social? Chegamos assim à oposição entre a estrutura e a história.*

Mas não em Marx, pois Marx é infinitamente mais "fluido" em suas obras que orientam a leitura social crítica e menos nas que se pretendem mobilizadoras das revoltas, que esquematizam (por assim dizer) a luta de classes.

Certamente se tratava aí de uma releitura economicista de Marx, ao passo que o senhor pensa Marx a partir de uma noção de dinâmica política. Há também uma relação com Sartre, na medida em que se pretenda levar em conta o ator social e a dimensão trágica do vivido na história. Bourdieu pensa do ponto de vista de uma estrutura que participa de uma lógica social cujo ator é eliminado.

Sim, é o sentido das críticas menos ideologizadas que recusam e refutam a eliminação do ator, que propõem uma sociologia da ação, mas que nem por isso aderem à construção do social por redução a cálculos e estratégias individualistas — o que seria uma afirmação ou uma apropriação do individualismo metodológico.

Ligada à eliminação do ator e às estratégias individualistas, a questão da honra nos parece particularmente interessante. Bourdieu trabalhou em Cabília no tema da honra, o senhor mesmo também se interessou pela honra, pela humilhação, pelo sentimento de injustiça,

AS SOCIEDADES SE FAZEM CONTINUAMENTE NO MOVIMENTO

pela vergonha, o que o levou a trabalhos radicalmente diferentes. Mas não é a problemática do reconhecimento que está em questão nessa diferença de alcance estético?

Encontrei uma palavra muito próxima do vocábulo "honra", que me foi transmitida certa vez por Sékou Touré, muito antes de cair numa espécie de totalitarismo tropical. Essa palavra era "dignidade": "Sofremos menos com a miséria do que com o não respeito a nossa dignidade", disse-me ele. É a mesma coisa ou quase, não é a mesma palavra, mas a categoria semântica é a mesma. Ela designa aquilo com que não podemos transigir, os valores sociais que determinam (e portanto "obrigam") a qualidade de cada um.

Em nossas sociedades contemporâneas, honra e dignidade remetem com certeza ao mesmo paradigma. Além disso, não é apenas a questão da dignidade que está em jogo, mas também a do reconhecimento. O que está em jogo é então fundamentalmente ético.

Quando ouvimos declarações ou lemos textos provenientes dos subúrbios, das *cités* [cidades], como se diz nos dias de hoje, constatamos que existe naturalmente violência nos discursos. São jovens que falam com palavras de jovens, mas essas falas muitas vezes são apresentadas como o discurso "verdadeiro" e revelador de todo um meio social. O que é inexato. O número de locutores "violentos" é muito menor do que se quer fazer crer. Transmite-se uma imagem geral dos subúrbios que não corresponde a sua realidade. É o que dizem muitos jovens com seus protestos. Não se pode negar que há um discurso da violência, automóveis incendiados, uma veemente revolta episódica, radicalizada em certos períodos. Mas alguma coisa transparece dessa linguagem, esta afirmação: "Nós não somos reconhecidos, nós somos humilhados." E muitos desses jovens efetivamente o são. De tal maneira que o título genérico do livro *A miséria do mundo*, já que falávamos há pouco de Pierre Bourdieu, assinalaria, tanto quanto a miséria, a negação da dignidade, a negação do reconhecimento. Por uma reação que seria considerada "linguisticamente correta", a utilização do eufemismo — donde as palavras "deserdados", "destituídos" — torna-se o meio mais comum de contornar a desvalorização. Mas já não se recorre mais à expressão "a grande dignidade dos pobres", de conotação redentora.

O senhor evocou o conceito de situação ao se referir a Sartre: por que situação, e não condição? A palavra "situação" não seria portadora de conflito e tensão, sendo "condição", em contrapartida, um conceito mais geral, que marca uma época? Veja-se o texto de Hannah Arendt, A condição humana, *o trabalho de Jean-François Lyotard,* A condição pós-moderna, *os textos de Marcel Gauchet sobre* La Condition historique *[A condição histórica] e* La Condition politique *[A condição política]. Qual é a diferença entre "condição" e "situação"?*

Sabemos que existem "palavras de época". É o efeito imitação; nesses casos, o efeito Hannah Arendt, o efeito do título de seu célebre livro sobre *A condição humana*. Se atentarmos para os autores que fizeram uso mais exato da palavra "condição", veremos que são sobretudo os que recorrem a uma referência "verdadeira" a Arendt. Os outros, se quisermos apontar as facilidades verbais dessa época, estão numa relação de recurso à linguagem que se tornou disponível. Foi o mesmo com "estrutura", "instância"; e é o que acontece atualmente com "governança". Hoje, as grandes transformações do mundo carregam com elas as noções e os conceitos rigorosos de ontem. Não se sabe mais dizer "classe social" nem sequer reconhecer se o conceito ainda tem pertinência nesse universo hipertécnico, hipermidiatizado, digitalizado e entregue ao material. Ainda por cima, a globalização também se transformou no espaço de extensão das condições dominantes, das configurações da desigualdade, ao passo que as classes sociais foram relacionadas inicialmente aos contextos nacionais e as suas desigualdades específicas. É necessário, portanto, adotar uma outra escala de observação.

Não se diz mais "classe" porque estamos num permanente deslocamento. Além disso, a globalização transformou profundamente o jogo social e o discurso sociológico.

Já não se diz muito "trabalho", diz-se "emprego". As palavras "trabalhador" e "trabalhadora" têm a ver sobretudo com a retórica política. Já não se diz muito "profissão". Toda uma série de palavras desapareceu, ou quase. Em sentido inverso, surgiram ou retornaram vocábulos que acarretam um efeito de imitação — ou antes, de empréstimo por comodismo. É o caso de "condição", vocábulo antigo. E também de "governança", vocábulo moderno. Esse termo, que veio antes dos Estados Unidos do que da ciência política inglesa, acabou sendo utilizado para designar a opção tecnocrática na relação com o poder, com o político. Pode ser encontrado em toda parte, da governança das empresas à das nações. Examinando a linguagem de hoje, constatamos que a expressão toma o lugar inclusive de "político". Mais do que efeitos de moda, trata-se de indicadores. "Governança" não é da mesma ordem que "governo", exatamente como "condição" não o é de "situação".

De fato, pois "situação" é portador de tensão e conflitos; "condição", não necessariamente. A palavra "situação" pressupõe a dinâmica social e política, ou seja, a possibilidade de movimento, de história e mudança social.

Voltemos à literatura francesa dos séculos XVII e XVIII, e mesmo de uma parte do século XIX, às denominações e restrições sociais de então: "Ele é um homem de condição, ela é uma mulher de condição." A condição define o ser social tal como determinado pela posição na hierarquia social e as obrigações estritas que daí resultam, pela categoria numa sociedade estruturada por "ordens" ou "estados", sobretudo. O que remete a algo diferente de "situação". Arendt conferiu um estatuto filosófico ao vocábulo "condição", o que é algo evidentemente diferente. Hoje, em nossas sociedades em constante mutação, como poderíamos classificar? Pessoas importantes e celebridades (os famosos) por um lado e anônimos por outro?

Isso confirma a oposição situação/condição. A retórica da década de 1950 atribui um outro sentido à palavra "condição". A "situação" remete à questão do ator, do sujeito, muito presente em Sartre e em seus trabalhos em referência ao movimento social, dando ênfase ao conflito social e à possibilidade de mudanças sociais e políticas.

É o que vemos claramente em Sartre, para quem "o caminho da vida" é o da construção de si, até a expressão derradeira, que é a conclusão da imagem para o outro, para a memória.

São os projetos que fazemos. O "projeto", por sinal, é uma outra categoria teórica importante em Sartre. Além disso, é através do projeto que o sentido se constrói e que a história toma forma.

Na minha relação com as situações externas e com minha própria situação, como é que eu me construo continuamente, por quais desvios? Existe esse lugar-comum de

Sartre: a verdade de um ser é a que se revela, para se dar a conhecer no fim. Quando a vida se interrompe, quando está completa, é que o sentido do percurso se revela. Isso pode ser transposto para os terrenos histórico e cultural. De minha parte, aprecio em particular a expressão "novos começos", no plural. Ela pressupõe que há na história coletiva momentos de desaceleração e de quase parada, seguidos de rupturas e novas partidas.

A *"condição" não induziria, assim, um conceito dinâmico: congelada, ela comporta uma ideia de permanência e estrutura. Mais uma vez encontramos aqui essa ideia de estrutura da qual foi apagada a ideia de gênese e de história. O debate entre Claude Lévi-Strauss e Jean-Paul Sartre, em* O pensamento selvagem, *girava em torno dessa questão.*

Exatamente, e é por sinal o que prepara para a identificação social e cultural em termos de estruturas, de lógicas sistêmicas, de posições relativas no sistema, e não de forças e de movimento, ou seja, de criação processada na e pela história.

O seu percurso poderia ser encarado como uma crítica sistemática à ideia de estrutura em antropologia, através da dinâmica social e do conflito político?

Esse debate começou cedo para mim, mas a palavra "estrutura" desde logo se inscrevia nele em filigrana.

Gostaria de contar uma anedota. Sobre a reação de Claude Lévi-Strauss a uma curta dissertação a que eu dera o título de "A experiência do etnólogo e o problema da explicação". Como já disse, uma viva amizade nos unia, mas muito cedo deixei claro para ele em que eu pensava diferente. Sua reação ocorreu depois do Congresso de Évian da Associação Internacional de Sociologia. Foi nos *Cahiers Internationaux de Sociologie*, em 1956, que eu publiquei o artigo extraído da dissertação apresentada no congresso. Ele trata da teoria antropológica e etnológica e dos mecanismos de que se vale para construir suas explicações. Em certos trechos, eu esboçava uma crítica do estruturalismo de Lévi-Strauss, numa época em que ninguém ousava se arriscar nessa direção. Era já a "maré enchente", o momento anterior à "maré alta" do estruturalismo. E lembro-me de que Lévi-Strauss me perguntou: "Mas onde é que foi buscar tudo isso?", parecendo dar a entender: "Você é bem metidinho, mas não se saiu tão mal assim." Para bem delimitar meu traçado e também deixar claro meu apreço, foi nesse mesmo ano que publiquei, em outra revista, *Les Cahiers du Sud*, um artigo sobre a obra de Lévi-Strauss, "Grandeur et servitudes de l'ethmologue" [Grandeza e servidão do etnólogo], ou seja, um ano após a publicação de *Tristes trópicos*.

Voltando à ideia de estrutura e à questão do movimento — pois o senhor fala muito a respeito — a estrutura suporia imobilidade?

Não. Assistimos a um "tratamento lógico" da estrutura que acabou por congelá-la, enfeixando-a numa lógica combinatória de extensão limitada. Mas existem lógicas fluidas, lógicas nebulosas, lógicas de bifurcação. Segundo minhas observações, podemos isolar configurações flutuantes que só se mantêm por algum tempo. O movimento não é água correndo, nem gás escapando continuamente. Há "momentos" em que se sustentam certas configurações, para depois se desfazer, e se forma outra coisa mais adiante. Portanto, existem de fato "momentos", no sentido em que a física emprega o termo, momentos de estruturação local, enquanto o movimento continua em outras partes. Não devemos estabelecer uma oposição estrita entre estrutura, movimento e dinâmica. A interpretação dinâmica das sociedades e culturas não é um integrismo, o que o estruturalismo pode ter se tornado, para depois se apagar, por zelo medíocre de vários epígonos. Além do mais, não podemos deixar de evocar a lógica ambivalente dos sistemas informatizados, do mundo digitalizado: ele "é" estrutura através das máquinas e de seu código de uso, ele "é" movimento pelos "motores" que lhe conferem utilização sem delimitação restritiva.

Cabe lembrar também o conceito de "estrutura instável" formulado em epistemologia por Isabelle Stengers, em oposição ao sentido estruturalista e lógico do conceito. Pode-se dizer que o que estava em jogo em sua questão

AS SOCIEDADES SE FAZEM CONTINUAMENTE NO MOVIMENTO

era a crítica de uma concepção lógica do conceito de estrutura?

Mais precisamente de uma concepção hiperlógica exacerbada por certos estruturalistas. Eu concretizei minha crítica através de uma imagem, tomando-a pelo que ela vale, pois muitas vezes a imagem pode ser simples demais, e mesmo trivial. Escrevi que o estruturalismo comum pode se assemelhar a um jogo Meccano. Existem regras, um mínimo de regras, e uma série de peças, elementos com os quais são montados os mais diversos dispositivos. O estruturalismo banalizado é mais ou menos isso: algumas regras lógicas principais, em especial a reciprocidade, relação de que Lévi-Strauss fez amplo uso; com essas ferramentas, vai-se fazendo a "bricolagem" (outra expressão lévi-straussiana) com material concreto, tomando de empréstimo a diferentes terrenos. E por sinal podemos assim entender por que a "prática estrutural" acabou não sendo enfeixada exclusivamente no cercado antropológico.

Para falar de movimento, e a contrario de estruturas, é necessário que haja ritmos diferentes. Com a intensificação do movimento hoje em dia, com a aceleração, será que ainda podemos percebê-lo ou falar de movimento? Na última edição de O poder em cena, *o senhor menciona a ideia de "desaparecimento": com efeito, como pensar com categorias e classificações, quando a aceleração do* movimento é de tal ordem que chegamos a estados de liquidez, a essa sociedade "líquida" que desperta tanto o interesse de Zigmunt Bauman? E por sinal não seria o caso de preferir "fluido" a "líquido"?

O conceito de movimento deve agora ser substituído pelo de velocidade, pois estamos num universo hipertecnicizado, cuja tecnicização se acelera continuamente. Por sinal, sugiro aos novos durkheimianos que se reportem ao mestre. A noção de movimento atravessa toda a obra de Émile Durkheim, ou seja, essa ideia de movimento do social por natureza, e não reduzida à de movimento social de protesto, essa ideia de uma dinâmica permanente própria da sociedade como sociedade, que é a condição e o modo de sua existência; e também a ideia adjunta de que existem tempos sociais particulares que se conjugam num tempo dominante. Temos aí reflexões "inspiradoras", e não apenas interessantes. Durkheim não é um sociólogo que possuía uma imagem congelada das "coisas" sociais.

Gostaria de acrescentar que desconfio de certas interpretações dos textos do mais ilustre dos durkheimianos, Marcel Mauss, pois me sinto próximo dele, engajado numa situação intelectual que já era a de Diderot no século XVIII, muito mais do que a de Rousseau. Em Mauss existe uma certa turbulência. Em seu *Ensaio sobre a dádiva*, encontramos orientações muito diversas. A justificação dinamista: as coisas a serem conhecidas estão no que é vivo, no movimento, e não na imobilidade

AS SOCIEDADES SE FAZEM CONTINUAMENTE NO MOVIMENTO

"cadavérica". Também podemos tomar o texto tal como foi lido por Lévi-Strauss: considerar a estrutura lógica do que representa dádiva/contradádiva, do que surge como conexão social através dessa relação, através da reciprocidade. Efetivamente, a *démarche* de Lévi-Strauss encontra aí parte de sua origem, mas outras fontes procedem de outras partes, e principalmente da antropologia americana e da linguística estrutural. Num dos meus livros, utilizei as frases em que Mauss mostra o inverso. Não é a estrutura fixada por sua lógica e sua legitimidade que é acessível ao observador, mas, pelo contrário, o movimento, as coisas sociais tais como são, com sua instabilidade e sua "impureza". É uma das leituras possíveis do *Ensaio sobre a dádiva*. Todo esse parêntese para mostrar que a legitimidade que nos atribuímos e as proteções que nos conferimos são sempre vulneráveis. Vem alguém mais, as desorganiza e constrói a partir daí uma outra legitimidade, uma outra maneira de se ligar a um mestre. Qualquer referência que sirva de prova e autoridade é *falsifiable*, no sentido anglo-saxão.

Neste sentido, por sinal, Mauss é um autêntico "mestre", pois realizou uma obra que permite novas interpretações, "novos começos" em antropologia.

3. Filiação ou afiliação?

Em entrevistas anteriores, o senhor declarou que nunca buscou afiliação nem filiação, mas pessoas que pensem. Era, a nosso ver, uma outra maneira de entender a comunidade científica...

Sim, afiliações escolhidas com toda liberdade e revogáveis. Algo de que não se privaram algumas pessoas. Eu ajudei muitos jovens pesquisadores, Marc Augé, Emmanuel Terray, Pierre Bonnafé, que morreu, Jean Bazin, que também já morreu, Gilles Pécaut, que trabalha sobre a América Latina, Jean Copans, africanista, o sociólogo Jean-Michel Berthelot, que nos deixou recentemente... e muitos outros. Eles foram encaminhados a mim na Sorbonne e na École Normale Supérieure, e também na EHESS [École des Hautes Études en Sciences Sociales]. Eu nunca quis que fossem afiliados, que adotassem minha "linha". Nunca lhes pedi nem sugeri nem disse: "Temos de fazer escola." Não. Em minha opinião, as ciências sociais só são interessantes quando se levantam contra o dogmático, contra o clericalismo das escolas. Pensando assim, eu reivindico minha liberdade, mas também reconheço plenamente a dos outros.

Guardo a triste lembrança de um antropólogo próximo e amigo, que também já se foi, Claude Meillassoux; um antropólogo marxista, de talento reconhecido e incontestável, com uma teoria fortemente estruturada. Eu o recebi e o encaminhei em sua primeira pesquisa de campo, na Costa do Marfim, no verão de 1958. Ele era um daqueles que me perguntavam com frequência: "Por que o senhor nunca quis nos transformar numa escola, num grupo organizado?" Ele não entendia essa recusa, pois a época era propícia às afiliações duramente concorrentes. Estava começando a época das "redes" e das agendas telefônicas sobrecarregadas...

Não haveria outras opções possíveis, além das afiliações pelas quais é buscado um pai, um mestre, um chefe? Por exemplo, a opção de indivíduos trabalhando com toda liberdade numa equipe, num companheirismo intelectual através do qual se discute, são trocadas ideias, compartilhados textos e se critica de maneira construtiva? A equipe, não necessariamente institucionalizada, pode representar uma outra possibilidade de comunidade de pesquisa e trocas.

FILIAÇÃO OU AFILIAÇÃO?

A equipe se define em função de uma tarefa. Mas o grupo sugerido por Claude Meillassoux era um grupo de pressão que se define por uma linha doutrinária antagonista e, logo, por um certo dogmatismo; no caso, uma antropologia dinamista que teria como centro os antropólogos neomarxistas. O verdadeiro, expresso no cientificismo, teria acompanhado a função crítica, militante — do anti-imperialismo e do terceiro-mundismo. É evidente que as ciências humanas estão sempre em busca de um modelo que as assimile às "verdadeiras" ciências. Constantemente elas tentam alcançá-lo, mas correndo o risco de perder sua diferença nessa corrida. Que tenham, portanto, a coragem de dizer: "Não, conosco é diferente, diferente pela identificação do objeto, pelo olhar sobre ele lançado, pela própria natureza do discurso, que se adapta ao movimento ininterrupto das coisas sociais, a sua desconstrução/construção." Louis Althusser foi eficaz em sua desconstrução da *doxa* do marxismo canônico. Ele esperou muito do cientificismo exigente. O marxismo reinterpretado, acoplado ao estruturalismo, torna-se então o verdadeiro cientificismo levado ao seio das ciências econômicas, sociais e políticas. Mas o domínio desse objeto em rápida fuga — a atual modernidade globalizada — sempre foi frágil.

O que nos lembra o reconhecimento mencionado anteriormente. Quando os pesquisadores não são reconhecidos pela universidade no trabalho universitário, e mesmo "*intelectual*", *tentam construir corrimões e dispositivos de proteção...*

Quanto a mim, nunca me protegi!

Nós entendemos seu desejo de nunca ter estado à frente de uma rede. Pode-se com efeito trabalhar com outros, compartilhar ferramentas com eles, mas é indispensável preservar a liberdade de pensamento. Perguntamo-nos se o que o senhor chama de dogmatismo não provoca de fato a esterilização do pensamento ou da pesquisa.

Criatividade coordenada e compartilhada: sim, estou de acordo com essa interpretação do trabalho em equipe. Mas é muito difícil tornar essa situação "fluida" aceita, ainda mais na prática, em instituições científicas que precisam de classificação, de posições inscritas num organograma. É difícil associar a vinculação a uma equipe de pesquisa e a maior liberdade de iniciativa. É o que me leva a estabelecer uma diferenciação entre intelectuais e pesquisadores, tendo estes o objetivo de produzir conhecimentos "testados". Os pesquisadores têm uma qualificação e exercem uma profissão. Como bem disse, Bourdieu designou e definiu a profissão de sociólogo, e em seguida a de antropólogo. Os pesquisadores têm legítima necessidade de se proteger, não só de uma criatividade por demais enquadrada, mas também dessa criatividade nômade que maltrata o método. Em certa medida, a criatividade é uma navegação sem bússola.

FILIAÇÃO OU AFILIAÇÃO?

Não podemos saber até onde ela nos levará: até algo formidável, porque inédito, ou na direção de muito pouca coisa, um "quase nada"; ou ainda, o que é pior, para uma desilusão do pensamento — pensamos estar construindo uma catedral e acabamos construindo um mata-moscas. Para as instituições do pensamento, a criatividade aventurosa incomoda, abala as certezas. Mas elas próprias criaram as redes que as sustentam, que prestam serviço a sua verdade. Foi o que vimos com a generalização do estruturalismo. Na França foi uma mania e depois uma verdadeira moda. Tornava-se impossível dar a ouvir uma outra "leitura", existir à margem desse sistema de pensamento. Não funcionava, era *out*. Desse alinhamento decorria uma aparente proliferação de estudos extremamente técnicos, mas baseados numa espécie de repetição. Os aspectos do novo decorrem em grande medida de uma nova roupagem metodológica, técnica, e muito mais ainda dos efeitos do vocabulário, da linguagem disponível. No fim das contas, a demonstração dá meia-volta e remete aos hábitos de "antes". São poucas as "criatividades" que resistem às turbulências do social surgidas dos ineditismos técnicos, assim como à passagem para uma temporalidade fragmentada, imediata. Por sinal, quando a instituição de pensamento se torna autoridade, disciplina, a criatividade vai embora. O conformismo ocupa o lugar vazio.

As ciências sociais — felizmente para elas! — enfrentam uma espécie de semi-indiferença do poder público e mais ainda dos outros poderes. Afinal, pode-se considerar que elas são criadoras de uma cultura das modernidades, de discursos e produtos culturais, mas que seu impacto político tornou-se desprezível, ou quase. E quando ele não é desprezível, vai-se fazer o que já se faz há algum tempo: conseguir a adesão de pesquisadores-especialistas provedores de legitimidade, de justificação, ou, melhor ainda, fornecedores de sugestões.

Não é a essência da nossa profissão. Nossa profissão é estar no desconforto, não dizer o que é esperado, mas contribuir para fazer ver de outra maneira, ajudar a identificar e reconhecer o que está em devir para, assim, alertar.

Esses de que o senhor fala são fornecedores de legitimidade, mas também dilapidadores de criatividade: eles criam entraves para a criatividade, o pensamento, o imaginário. A criatividade desenfreada pode gerar medo do irracional, tanto da parte do pesquisador quanto da instituição. É o clima em que vivemos atualmente, correspondendo a uma sociedade e a uma época da segurança, do medo do risco. O que se quer são pesquisadores que atendam antes de mais nada a critérios mensuráveis, avaliáveis, e não se aposta na inteligência dos que se distinguem desse perfil comum.

Aposta-se menos nessa diferença porque ela não aplaca a inquietação e porque a tecnologia — os sistemas técnicos de especialização — adquiriu uma autonomia e uma autoridade próprias. Vamos acabar por nos tornar novamente "marxistas", necessariamente, para fazer a crítica dos novos sistemas de poder! O risco está nos sistemas, e não tanto em cada espírito, não tanto nos comportamentos como tais. Nesse sentido, é importante ter em mente a ideia de "tecnogestão". O risco está no devir ascendente das técnicas, na potência e no poder-fazer que elas continuamente proporcionam; sobretudo seu poder de "criação", que engaja totalmente na aventura do inédito. Assim é que as biotecnologias cada vez mais saberão criar matéria viva, até mesmo a própria vida. Elas começam a gerar tecidos capazes de se especializar, associam o mecânico ao vivo, buscam os microdispositivos — e logo também os nanodispositivos — incorporáveis. Os riscos da vida transformável, transformada, modificada já são reconhecidos, tanto quanto os incríveis avanços que fazem a morte recuar, permitindo esperar a a-mortalidade. Na França, o Comitê Nacional de Ética avalia e estabelece os limites de "precaução".

Existem riscos igualmente no que diz respeito à ciência social e, portanto, à antropologia. Eles existem no que toca ao próprio sentido do nosso universo, o universo dos ocidentais, no que toca à ascensão acelerada das tecnologias, cada uma com seu crescente elemento de autonomia, inclusive, e sobretudo, nos sistemas que agem sobre a vida. Essa tecnização galopante assusta, pois a partir de um certo ponto os sistemas "sabem" desenvolver-se sozinhos. Os riscos estão aí, assim como nas reticências do pensamento frente aos efeitos inéditos do rápido movimento das técnicas com que se defronta. Quando eu digo e repito que é necessário explorar os "novos novos mundos", é essa obrigação urgente que estou frisando, ao propor um neologismo. Prestando atenção, observamos de que maneira são fabricados esses novos mundos em rápida expansão, mas não temos muito conhecimento do que eles são, daquilo que se tornam, daquilo em que neles nos transformamos. Em certos momentos, estamos presentes aí como estrangeiros. É essa estranheza que nos transforma em "objetos antropológicos" de nós mesmos, pois cada um de nós se questiona então sobre o seu "eu", que é cada vez mais frequentemente "um outro".

Além disso, os riscos estão onde o antropólogo trabalhava principalmente em outros tempos, nos *alhures*, os países dos povos da diferença, que são também aqueles onde a dominação colonial pesou, esses outros universos: a África, a Ásia, a América Latina, em grande medida, e a Oceania. É lá que se situa o risco de desentendimento sobre o que vêm a ser esses outros que pertencem a esses universos; e, em contrapartida, o risco de desconhecimento das pessoas desses universos sobre o nosso: sua realidade tecnológica, sua potência econômica, seu passado de dominação e sua globalização atual, mas também aquilo que gera seus fracassos e seus impasses. A modernidade apropriada transforma-se *naquilo que está em jogo*, ou seja, um acesso singular, particularizado, ao que ela proporciona, mais do que a luta contra um

FILIAÇÃO OU AFILIAÇÃO?

imperialismo de fatura antiga. O protesto se culturaliza mais do que politiza. São os três riscos que eu identifico. Dois entre nós e um principal lá fora, porque ainda não queremos entender nem admitir que a história possa ter-se desenrolado de outra forma em outros lugares, que a construção das sociedades e culturas se possa ter feito de outra maneira nesses lugares. É nisso que a antropologia se tornou ainda mais necessária: ela prepara para o reconhecimento, para o menor desconhecimento do que são hoje os homens de algures.

Voltemos agora ao percurso de constituição da pesquisa em ciências sociais. Podemos dizer que se pretendeu conferir uma forma institucional, organismos de acolhida, uma estrutura profissional a "profissões" que de início eram formas de engajamento pessoal, de paixão, de sensibilidade às paisagens culturais e sociais, ao "diverso". Era mais ou menos como se se partisse para a aventura. As profissões imperfeitas eram vividas sabendo-se aquilo que se desejava "captar", o que se desejava fazer conhecer, aquilo a que se pretendia que reagissem, mas elas ainda não estavam enquadradas num sistema dispondo de seus códigos, suas regras, sua hierarquia por instituição profissional de uma carreira. As gerações posteriores a esse período pioneiro são cada vez mais gerações de "profissionais". Eu contribuí para sua formação na EHESS e na Sorbonne, com a ajuda dos grandes organismos de gestão da pesquisa. Era necessário criar, para jovens que pareciam ter talento (e, em muitos casos, tinham realmente), funções de pesquisa, funções de ensino — em suma, tornar possíveis "situações" em que a pesquisa não fosse mais uma autêntica aventura pessoal. Houve essa primeira geração mais enquadrada nas instituições, e depois a geração atual. Ela não é apenas a geração dos pesquisadores profissionais que praticam a disciplina, que conhecem seus métodos e os aplicam. Eles ainda estão "em campo" e cada vez mais fazem questionamento indireto, investigações indiretas e a distância, como dizem os colegas americanos. Existe atualmente uma concorrência ativa e forte que pesa sobre esses jovens pesquisadores profissionais, uma concorrência dos especialistas. E por sinal alguns desses valorizam sua *démarche*, seus relatórios e suas recomendações, apresentando-se como antropólogos, tendo passado por uma formação antropológica ou de ciência social geral. Mas na verdade eles estão muito distantes daqueles que, de certa maneira, partiam para a aventura com a paixão da descoberta, da interpretação, do conhecimento, que respeitavam o conhecimento do outro e se mostravam menos empenhados em afirmar a autoridade do seu saber.

Nós contribuímos, sem nos dar conta no início, com nossos ensinamentos "aplicados", nossas instituições de pesquisa, nossas vulgarizações e a funcionarização de nossas profissões, para fabricar profissionais homologados da disciplina, *social scientists* oficiais. Donde uma menor clivagem entre os que "escrevem" (os literários) e os que produzem "literatura cinzenta", "relatórios" (os especialistas), tendo aqueles se apagado. Donde também um certo desvio que freia a liberdade de intuição, que rechaça os avanços aventurosos do método. Como sabem, é a ideia de Feyerabend de uma metodologia errante, uma metodologia nômade. Eu sou dessa geração que passou pelo teste de todas as etapas, desde o momento iniciador e fundador até o momento "útil", institucionalizado. Sentimos atualmente a necessidade de uma renovação da exigência exploratória.

Essa grande transformação mudou profundamente o mundo e o pensamento, de tal maneira que se pode dizer que o especialista está a serviço da burocracia e do Estado. A dimensão crítica da pesquisa é quase apagada, tanto nos organismos de pesquisa quanto na universidade.

4. O poder sem sacralidade e a eliminação da distância

O senhor poderia formular mais precisamente a desconstrução do político que está em ação na sociedade e que havia evocado através da crítica da palavra "governança"?

Veja-se o que acontece com a nova presidência na França, com a capacidade política — entendida sob o aspecto das rupturas necessárias — convertida em criação de múltiplas comissões, essas estranhas máquinas que mais contribuem para mascarar do que para abrir os impasses. Temos, por exemplo, a que ataca a questão da modernização política e, sobretudo, a que acaba de apresentar mais de 310 propostas para reanimar e modernizar a economia. Entre seus membros havia eminentes especialistas de várias disciplinas, políticos, pessoas capazes de conceber "rupturas" de rápida efetivação, até os menores detalhes, como revelou a revolta dos "táxis" contra a pretendida mudança de estatuto. É menos uma questão de política no sentido forte do que de gestão, de recurso a catálogos de receitas: liberdade de criação de novos supermercados e lojas de departamentos, fim da proteção de estatutos profissionais etc. Onde está a política, onde está Aristóteles, onde estão Montesquieu e os pensadores do político? Onde está a grandeza do político, sua força, sua capacidade de projeção num futuro menos mal definido, desejado, debatido e também contestado? Sem essa projeção, não haveria projeto (evidentemente) nem suficiente capacidade de mobilização. E tudo isso no momento em que o caos econômico-financeiro alcança níveis mundiais...

Essa sociedade de gestão e civilização, de "governança", tende a esquecer o político. Acontece que o questionamento permanente sobre o político é um aspecto importante nos seus trabalhos.

O político e a história, pois em minha concepção as duas condições estão ligadas: existe o político porque existe história e existe história porque existe o político. É o que se esquece sob o império do instante, das limitações da urgência, e a partir do momento em que disciplinas resvalam na direção das interpretações que procuram ser "úteis", atender a demandas imediatas, sobretudo as demandas do poder de Estado. Penso no estruturalismo vulgarizado da década de 1960, que desemboca no sistemismo amplificado pelas máquinas inteligentes. Houve uma amnésia da

O PODER SEM SACRALIDADE E A ELIMINAÇÃO DA DISTÂNCIA

história, como se fosse simplesmente necessário e suficiente chamar a atenção para as lógicas, organizá-las no contexto de um sistema instrumental, de um dispositivo homem/ máquina concebido em função dos resultados buscados. Em vez do político, deslizávamos então para o que acabou sendo chamado de "boa governança". Não suporto essa expressão. Reconhecer que o governo pode limitar-se a fazer uma boa governança é admitir que ele pouco tem a ver com as grandes perspectivas do verdadeiro político.

E a boa governança tampouco é a governabilidade.

Não. Como sabem, os americanos, grandes cultores do vocabulário da gestão, estabeleceram uma diferença entre dois termos: *governança* é aplicado no caso das *big corporations*, das grandes empresas, e também das grandes organizações fortemente gerenciadas e muito burocráticas: fora isso, a palavra *governo* é mantida em uso restrito, estrito. Em Washington existe um governo, e não apenas governança. Em compensação, se o governo é bem encarnado pelo "Supremo", o presidente, os "ministros" [secretários de Estado] constituem a administração presidencial. De certa maneira, os "ministros" representam a parte da governança, mas há um lugar político sublimado, transfigurado: o lugar presidencial. É por esse motivo que a presidência adquiriu tanta importância simbólica nos Estados Unidos. Ela define ao mesmo tempo a função eminente e a pessoa do detentor, daquele que se torna o "Supremo" num regime presidencial reiterando o tempo das origens, o momento fundador da Independência, nas cerimônias de posse.

O *que o senhor está dizendo remete a uma oposição entre os fenômenos de personalização extrema do poder e os fatos sociais por sua vez isolados de toda a história. A dinâmica da história e do político desaparece, aí.*

No atual funcionamento do político, vem surgindo algo que tem a ver com os instrumentos que contribuem para a ação e para uma *conivência* complacente dos atores. O que leva a uma espécie de aceitação do estrelato. Pode-se pensar o que se quiser de De Gaulle, mas De Gaulle não se valeria de uma derrota nacional e de um renascimento para assumir uma pose de estrela. É do acontecimento, da história assumida, que ele extrai sua "imagem", e não de alguma habilidade técnica; e isso apesar de ter sido um notável utilizador da televisão nascente — um grande comunicador em si mesmo. Estamos atualmente produzindo e multiplicando pequenas dramaturgias, pequenas ficções imagísticas, que buscam a concordância da opinião nesse ou naquele ponto. É da conivência assim provocada e construída que resulta a capacidade de governar e se manter, contendo em seguida dramatizações, a dissensão. Na França, ressurge uma nova figura da metáfora monárquica, para indicar a personalização glamurizada da função presidencial. A revista *Marianne* transformou o novo presidente em monarca: Nicolas I, o que deixa transparecer a tentação autocrática personalizada. Tenho

O PODER SEM SACRALIDADE E A ELIMINAÇÃO DA DISTÂNCIA

para mim que é uma facilidade para a fórmula polêmica. E por sinal não existe monarquia, nem mesmo oculta, que não tenha uma história fundadora seguida de uma história dinástica. O que nos ensina a antropologia histórica e política leva a reconhecer nos hábitos políticos de hoje uma espécie de jogo de aparências, no qual o governante se torna mais estrela do que potencial soberano, monarca.

De que maneira e com quem começou essa descontinuidade na França, uma tal ruptura entre um poder que tinha uma força política e a atual governança?

É toda a questão dos cortes, das passagens, das viradas... Eu diria que houve um certo corte com Valéry Giscard d'Estaing, que fez o jogo da presidência moderna e eficiente e ao mesmo tempo da presidência do contato (raramente descontraído) com figuras modestas da sociedade civil. Ele tomava o café da manhã com lixeiros, convidando-os ao Eliseu, jantava com famílias ditas comuns. Ele podia ser alvo de zombaria, mas havia de qualquer maneira o recurso a um simbolismo de ruptura com os hábitos republicanos preservados, de ruptura pelo alto, numa espécie de fuga monarquizante se pretendendo popular.

Ele jogou com a supressão da distância e a dessacralização do poder?

Ele andou de metrô algumas vezes acompanhado de muitas testemunhas da mídia, usava um pulôver para tocar acordeão em público, aparecia jogando futebol. Eram pequenas quebras, pequenas rachaduras na imagem. Ele não se deu conta de que essas demonstrações acumuladas de inversão de papéis podiam enfraquecer a imagem do soberano. Havia quem as considerasse manifestação de caprichos ridículos, enquanto outros as viam como simples astúcia, uma maneira de "bancar o povo". Esse que chamo de "Supremo" para facilitar, para evitar a repetição do discurso sobre a "monarquia republicana", se banaliza no apagamento exagerado do simbolismo. Somos levados a nos perguntar se o político pode deixar de ter um mínimo de investimento simbólico, se é possível ter um *político puro*, reduzido a sua pura forma e funcionalidade. Em minha opinião, não. Mas ao banalizar a figura simbólica do político, estamos atingindo, abalando, fragilizando o político, de tal maneira que adquire a palidez daquilo que quase não vemos mais. Resta então a governança.

Assistimos a uma reprise, a uma busca avançada conduzida por François Mitterrand, que decorria de sua personalidade, de sua cultura, mas com excessiva ambiguidade, excesso de manha e jogo, dissimulação demais. Não era a política conduzida segundo Maquiavel, mas havia algo dessa inspiração. Outros fatores viriam somar-se em seguida: a doença, os segredos e a mentira, o segundo mandato enfraquecido e o fenômeno que me parece importante neste caso (apesar de continuar atual): a corte montada em círculos ao redor do presidente, essa *entourage* que, em vez de ajudá-lo a reconhecer a irrupção das mutações, os problemas acumulados e a inquietação das pessoas, a apreender uma história em movimento, a virada de uma era que acaba, se empenha em bater cabeça para o príncipe para engrandecer sua imagem. Esses colaboradores acabam gerando efeitos que ele sabia controlar sem maiores problemas — pois o personagem era complexo e dotado de um senso político sempre desperto. Ele tinha um talento raro no exercício da manobra política e o senso do papel do oculto e do não dito na ação e na fala políticas.

Hoje, onde estamos? O presidente Nicolas Sarkozy é o protagonista de uma ruptura completamente diferente. Ele mostrou que o poder não funcionava mais de maneira eficaz, que o universo político nascido do gaulismo, concebido e construído depois da guerra, só continuava de pé por um certo *laisser-faire* indolente. Duas sucessivas presidências de duplo mandato passaram por um segundo mandato fracassado. No caso de Mitterrand, a doença, a preocupação consigo mesmo, a corte neutralizaram o exercício do poder; no de Chirac, a incapacidade de explorar o grande sobressalto da segunda eleição, em 2002, acarreta a entrega a uma espécie de "piloto automático", com a exceção da volta por cima no caso iraquiano. Ali, Jacques Chirac teve um momento forte de expressão da soberania, ajudado pela intervenção convincente de Dominique de Villepin no Conselho de Segurança da ONU.

Ele não seria poupado pelo sucessor, que soube jogar com suas fraquezas com um certo cinismo. Trata-se de um conquistador que usa com talento todos os meios atuais — as mídias e as novas tecnologias — para reconstruir um espaço político de acordo com esse tempo, para reduzir o espaço da fraca governança. No seu caso, existe a intenção de fazer política de outra maneira. Ele quer a ruptura, uma desconstrução (do antigo que entrava) e novos começos (os de uma dinâmica completamente aberta à modernidade concorrencial e globalizante). Quer demonstrar, com boa dose de desenvoltura, que é possível ser presidente negligenciando a solenidade do cargo e reivindicando a prática da transparência. Isso leva a permitir a irrupção da vida privada no espaço público, a tornar aparentes as relações pessoais com os poderosos, com pessoas em vista, os *people*. É preciso, assim, livrar-se da decência enganosa de uma sociedade política cansada. Outras figuras, outras regras são impostas à teatrocracia. A aposta é reveladora das mutações de uma forma de ação política que não soubera identificar a tempo a Grande Transformação ocorrida antes do fim da década de 1980. É reveladora também das mutações da ação política em sociedades em processo acelerado de tecnicização, digitalizadas e "imaterializadas" pela multiplicação de redes. Só que não basta recorrer ao voluntarismo, afirmar que, para refazer o político, é necessário flexionar seus músculos, para que a decisão e a ação sejam onipresentes e rápidas.

Mas se trata de um percurso de testes sucessivos, de intervenções sempre inacabadas, de rupturas continuamente repetidas, que resulta da entrada numa *Nova Era* ainda mal identificada. Nossa questão inicial volta a se manifestar: qual será a fonte alimentadora do político se o seu simbolismo e a sua autoridade próprios se apagarem? Será que poderá encontrá-la na tecnicização do mundo e dos sistemas complexos que o realizam? E quais seriam então os grandes riscos?

5. Nuances, mestiçagens e efervescência na civilização

Pode-se dizer que estamos vivendo um corte radical em nossa tradição, enfrentando uma descontinuidade crucial. Onde o senhor constata as principais rupturas de hoje?

Vejo duas, uma das quais não diz respeito apenas à França, pois é planetária. A ruptura com a indiferença cidadã e o político deficiente tornou-se recentemente, por algum tempo, um "momento francês". Em compensação, situo a ruptura global no fim da década de 1980. Nessa altura, tudo resvala para uma nova era. A vida não é mais apenas "pura" vida. A inteligência é mecanizada, introduzida em robôs, em dispositivos digitalizados. O virtual revoluciona o estatuto do imaginário e provoca o nascimento dos "duplos" do mundo real (os mundos de *second life*). Desde o início deste século XXI a estruturação pelos novos sistemas-máquinas não para de avançar, de tecnicizar todas as atividades, a começar, naturalmente, pelas relações sociais. Alguém como eu, que não gosta utilizar o computador com frequência e que, portanto, não pode restringir-se à escrita com a ajuda do computador, acaba muito facilmente sendo deixado para trás, a não ser que seja antropólogo desse mundo que se tornou estranho pelas mutações rápidas e contínuas. Trata-se de um mundo em que todas as relações são construídas de outra maneira, pela mediação dos sistemas homem/máquina e o domínio de suas lógicas. Não estou dizendo se tratar de algo superior ou, pelo contrário, uma investida aventurosa: penso que corremos o risco de delegar apenas aos sistemas a capacidade de iniciativa que deveria caber antes de mais nada a nós. O caos financeiro de 2008 mostra que os fatos, muito além de "teimosos", comportam riscos que são gerados e mal controlados pelos sistemas.

A reação deve ser tecnológica e política, para gerar uma visão menos incerta daquilo que nos tornamos e não acabar deixando que os sistemas funcionem segundo suas forças e suas lógicas próprias. Eles são igualmente "sistemas de restrição" que podem amputar progressivamente, pedaço a pedaço, a liberdade de iniciativa e as divagações criativas. O que me chama a atenção — foi o que relatei em *Le Grand dérangement* [O grande incômodo] — é esse grande devir do qual não podemos dizer grande coisa. Ele nos excede, nos arrasta. Sabemos fazer, sabemos medir o poder suplementar que adquirimos, mas não sabemos aonde nem na direção de quê vai o movimento. Talvez se encaminhe para uma grande desordem, um caos sustentado, uma situação que se torna propícia ao advento de uma espécie de ditadura mundial tecnicizada e hiperorganizada. Não sabemos de tudo a que pode conduzir esse devir. Foi essa constatação que me levou a afirmar, no livro mencionado anteriormente: "Somos neste mundo como estrangeiros chegando a um mundo pela primeira vez". Num mundo no qual somos jogados, o que fazemos é tentar compreendê-lo, nos estabelecer nele, mas seria necessário tempo (que não está disponível), chaves, informações dando acesso, ao mesmo tempo, às interpretações possíveis e necessárias. Seria preciso, sobretudo, estar em condições de estabelecer escolhas, não se satisfazer com a adesão a uma modernidade que não para de gerar outras modernidades, sucessões de pós.

Essas novas tecnologias e a possibilidade de informação que elas oferecem paradoxalmente provocaram não só uma eliminação do sentido, mas também um vazio não produtivo. Não haveria então uma contradição entre as políticas e a democracia?

Existe uma contradição, pode-se dizer, entre os tecnossistemas, os meios, os poder-fazer renovados de que continuamente dispomos e a capacidade de resposta, de iniciativa, de inovação que fosse propriamente política. Cada vez mais se delega aos sistemas. É ao mesmo tempo um fator de poderio e uma enfermidade, nestes tempos. Escoramo-nos demais nos sistemas, esquecendo que estão sujeitos ao mau funcionamento, às intrusões de diversas ordens, às perversões. Qual foi o resultado, na área médica, da excessiva confiança depositada nos sistemas, apesar dos possíveis erros de utilização? Sistemas controlados de forma insuficiente, por serem sistemas — dispositivos-máquinas de uma grande complexidade —, que ainda por cima intervêm num universo de concorrência global, no qual o capitalismo financeiro pesa muito, pois eles são muito onerosos. Sendo assim, a interferência de "interesses vinculados" ocorre logo que possível, em detrimento do estrito princípio de precaução. Ocorre um acidente, revela-se que as máquinas são tão complexas que foram mal reguladas e mal controladas. Foi o que aconteceu em Épinal e Toulouse, no tratamento radioativo de cânceres da próstata. Máquinas suíças de última geração, mal conduzidas, levaram a ameaça de morte a pessoas que poderiam ter sido tratadas com chances de recuperação potencializadas, se tivessem sido avaliados os limites de "infalibilidade" do sistema. É o ponto central. O sistema parece operar, mas na verdade exerce autoridade por sua simples natureza: seus resultados e modos de ação são considerados verdadeiros porque ele "não mente". É igualmente o que acarreta o "esquecimento" do erro e dos efeitos perversos.

Seria esta a entropia das máquinas, um poder de morte sobredeterminado pela energia que empenhamos no aumento da vida das máquinas?

O que você chama de "entropia das máquinas" é antes de mais nada a deficiência na relação dos homens com o sistema-máquina que conceberam e criaram. Esses sistemas vão na direção que nós lhes impomos ao concebê-los: são conduzidos pela lógica de sua concepção. Nós mesmos, talvez, por nossas práticas, é que os tornamos "malvados, sorrateiros, cínicos". Temos aí um importante efeito perverso dos sistemas formalizados e, se quisesse levar ao extremo o paradoxo, eu diria que suas oscilações são consequência de nossa abdicação. Sem saber muito bem o que decidir com certeza num mundo em transformação permanente, acabamos por lhes transferir a responsabilidade e eles jogam com esse poder.

São jogos sem imaginação, acarretando uma espécie de desengajamento e distanciamento. É isso que chama a atenção. Estamos diante de indivíduos distanciados, apanhados em automatismos — como no caso da Société Générale.[1]

Temos agora sistemas que podem ser utilizados da maneira mais obscura possível. Como o cálculo de interesse

---

1. Banco francês acusado de fraude em 2008. O responsável, Jerôme Kerviel, foi condenado e o banco foi isentado de culpa. (*N. do T.*)

se torna ainda mais complexo pelo recurso às máquinas e redes e a busca do lucro ou da vantagem máxima requer um "grande manipulador" dos sistemas automatizados — além de uma série de operações claras para o sistema —, se o manipulador trapaceia, pode ser denunciado pelo dispositivo que "sabe tudo" das operações realizadas. Aparentemente, não foi o que aconteceu no exemplo mencionado. O *trader* teria conduzido mal seu cálculo de juros, teria pretendido "duplicar" o sistema, que no fim das contas lhe pregou uma peça, permitindo que fosse longe demais sem alarme. É possível que entremos numa história completamente diferente, na qual os homens se tornariam vítimas de peças pregadas pelos sistemas. O que aconteceu com uma só pessoa pode muito bem acontecer, em outra escala, com coletividades. Por que não acabaríamos vítimas de dispositivos que julgávamos manipular perfeitamente segundo nossos interesses e que, no final, se voltariam contra nós? Eles nos tornariam nesse caso vítimas de nossos próprios desvios e nossas próprias imprudências, de nossa própria incompetência, de nossa própria incapacidade de prever, de projetar no devir. A "vingança" dos sistemas é a atual forma da vingança das máquinas anunciada nos séculos anteriores pelos autores de livros de ficção científica.

O senhor foi um dos primeiros, se não o primeiro, a falar de "mestiçagem", da necessidade de sair das oposições e alternativas estritas. Para voltar a suas primeiras análises, não teríamos chegado a uma etapa de mestiçagem tão avançada que já não seria possível discernir seus elementos? Que palavras empregaria para descrever esses processos?

Eu tomaria primeiro um desvio pelo meu lugar de "infância" antropológica, ou seja, pelo Senegal e os pescadores *lebou* das imediações de Dakar. Espantou-me então o que podia ser visto pelos etnólogos da época — que por sinal não eram muitos — como da esfera do apagamento e do heteróclito. A modernidade devastadora vinha sacudir o que era recebido da tradição, criando ajuntamentos barrocos e sem grande interesse. Em sentido inverso, impressionou-me — foi sobre esse tema que construí meu primeiro livro "profissional", dedicado a esses pescadores senegaleses — o caráter complexo, sob muitos aspectos mestiço, de sua sociedade e de sua cultura. É a história que faz a mestiçagem, e não apenas mestiçagens biológicas. Essas já existiam desde o começo, na própria formação de um povo de componentes étnicos diferentes. Assim é que a mestiçagem podia ser constatada nas instituições, nas maneiras de fazer e crer. Existia mestiçagem porque houvera apropriação de ferramentas culturais, de meios materiais, de meios de culto e simbólicos recebidos dos vizinhos, os mesmos que entraram na constituição do povo *lebou*. A mestiçagem se dá com o que foi recebido diretamente em casa, de um passado mais ou menos distante, e do que resulta das relações com o exterior, inclusive em relações turbulentas.

O DESENRAIZAMENTO CONTEMPORÂNEO

Muito além desse caso, criou-se então uma sensibilidade para a mestiçagem, e também uma necessidade, mas é imperativo conferir ao processo de "mestiçagem" uma acepção muito mais ampla do que a que se limita apenas ao aspecto biológico. A mestiçagem tem a ver com todos os universos socioculturais. O que observamos na época atual é, antes de mais nada, que a globalização, assim como a imigração, ao operar pela mobilização coletiva dos seres, gera uma mestiçagem em grande escala, continuamente multiplicada e diversificada. Aconteceu em outros lugares e outras épocas. Foi o caso na América Latina, depois das descobertas invasivas, região que realizou sua mestiçagem biológica, cultural e social muito antes do que nós, na virada do século XVI. Mas não devemos nunca esquecer que o encontro das diferenças, em todas as suas formas, não consiste numa conjugação necessariamente harmoniosa. Certas relações desiguais e de dominação a utilizam para se justificar e se legitimar.

Existe também uma outra realização a que dei o nome de tecnomestiçagem. Nós não somos apenas os mestiços dos seres humanos vivos que se encontraram, mas nos tornamos também mestiços dos sistemas tecnológicos aos quais estamos agora ligados como próteses. São os dispositivos miniaturizados que incorporamos como componentes do nosso ser físico e mais ainda os aportes do "vivente" derivados das biotecnologias. Mais do que novo, é inédito e inusitado. Nas mitologias, as mestiçagens preocupantes se apresentam sob a forma de quimeras que nascem delas. Hoje, essas já não são apenas seres saídos do imaginário, são realizações, mestiçagens "instrumentalizadas", sistemas técnicos incorporados ou utilizados como prolongamento ou parte externa do corpo e do espírito humano. É de fato o maior desamparo desta época, o maior motivo de desenraizamento, pois vem a ser subvertida a própria representação do humano.

Gostaria de mencionar um projeto de livro lançado há cerca de trinta anos — ficou apenas um dossiê com o título de "O homem fabricado". É isto a tecnomestiçagem, um homem fabricado pelas técnicas que prolongam seu corpo e, sobretudo, por aquelas que ele incorpora. Transformamo-nos em seres humanos tecnogerados e tecnógenos. Já existem, e são numerosos, indivíduos apaixonados por essas tecnomestiçagens, e não só os romancistas de ficção científica, mas também cientistas. Eles deixam de lado o princípio da precaução, abraçam a ideia de que a tecnomestiçagem é uma realização necessária e desejável: é assim que o coração artificial sustenta a expectativa de implante cardíaco e o útero artificial pode vir a substituir as mães de aluguel. As exomestiçagens na forma de exoimplantes aliam tecidos e órgãos provenientes de espécies diferentes, as tecnomestiçagens aliando o "vivente" e o "maquinal". É o que deve conduzir à melhor realização, como um quase acesso à "saúde perfeita" (Nietzsche). Não nos realizamos mais, não nos produzimos mais com a mesma inflexão projetada no político, na cultura, nos valores. Realizamo-nos numa história bem diferente, através desse sistema de tecnomestiçagem, de ligação, de imbricação crescente do técnico. É certamente isso o mais difícil de fazer entender. Essa temática prolonga aquela abordada por Michel Foucault ao teorizar sobre o biopoder. Ele o fazia para indicar a gestão tecnobiológica das pessoas, para indicar a biotecnicização dos poderes sociais e políticos. Podemos ir mais longe: imaginar a ação sobre as condições do pensamento, explorar a possibilidade de fabricar o homem "físico", e não só o homem-cultura — para além do homem em sociedade, fabricar o homem "concreto" total. Certamente será tentado. Ao mesmo tempo, quando menciono a tecnomestiçagem, não é apenas no campo das técnicas avançadas, mas também no terreno das práticas culturais comuns. Entramos cada vez mais depressa na dependência cotidiana dos sistemas-máquinas. Foram necessários menos de dez anos para que as pessoas fossem obrigadas a abraçar a sociedade digitalizada, sob pena de uma ameaça de marginalização, privadas de "instrumentos" e ligações.

Trata-se de uma forma real de exclusão, que de longe supera o registro simbólico.

Sim, para além das que a mestiçagem biológica e a coexistência podem gerar, por efeitos de discriminação negativa. Somos considerados como isso, como aquilo, quaisquer que sejam as variações de cor, por uma identificação que acarreta uma classificação segundo avaliações arbitrárias e no fim das contas um direito de exclusão. Mas funcionam também outras formas de exclusão. Sua característica é que já não existe então o jogo da boa e da má consciência, mas uma espécie de impulso independente e contínuo das coisas, que se reforça crescendo sempre mais depressa: de tal maneira que mutações se realizam sem que tenhamos plena e clara consciência, sem que as dominemos em um nível satisfatório, sem que conheçamos sua destinação nem saibamos a que ela conduz. Que homem nascerá daí? Um tecno-humano ou uma outra espécie inédita de ser? Que homem por vir, daqui a apenas dez anos?

Se me tivessem perguntado que tipo de homem surgiria da sociedade digitalizada na próxima década, tendo a internet como centro, fazendo a pergunta antes do fim do século passado, eu teria respondido em termos de utilidade: "Isso com certeza vai proporcionar meios de cálculo inusitados, comodidades, possibilidades novas de criação assistida." Eu não teria previsto que a sociedade se estruturaria globalmente num tecido de redes imateriais, que o real seria digitalizado com uma duplicação virtual, que "novos novos mundos" surgiriam numa ampla ignorância das trocas que neles se efetuam, nem os efeitos duráveis de tudo isso.

Como pensar os limites, a própria ideia de limite, quando se está instalado na tecnomestiçagem? Como imaginar uma sociedade sem vínculo com a lei e o limite?

O DESENRAIZAMENTO CONTEMPORÂNEO

Não é uma metáfora, a expressão designa o que afeta tudo que existe nas cercanias do homem, a começar pelo homem. Fala-se com razão do homem fabricado, das fábricas do homem, da fábrica dos sentimentos e das maneiras de ser. Quando um presidente de rede de televisão privada, com elevada receita publicitária, afirma que sua função é "vender" tempo de cérebro disponível, está revelando através de uma anedota cínica que é efetivamente assim. É a produção técnica de um estado de "recepção" do cérebro, preparado para a expectativa de um certo tipo de mensagens...

Essa tecnomestiçagem difere das mestiçagens anteriores: ela tende ao ilimitado, traduz-se num movimento permanente e acelerado e é acompanhada de uma espécie de perda ontológica do sujeito e do mundo, induzindo o fato de não se saber bem aonde se vai. Estamos diante de uma descontinuidade que não permite mais discernir o futuro em nada.

Não há mais um horizonte, se eu continuar assim o seu raciocínio. O mundo humano vai "a algum lugar", ao mesmo tempo que é cada vez menor a relação com uma transcendência. E, no entanto, é preciso encontrar um horizonte para que o ser possa se situar, reencontrar talvez um poder simbólico, e também moral, que transcenda e limite a vontade humana desorientada, assim como a mobilização na busca de poder. Assistimos então

NUANCES, MESTIÇAGENS E EFERVESCÊNCIA NA CIVILIZAÇÃO

a um retorno ao religioso — ou, antes, à religiosidade, caberia dizer. Devemos ver aí a busca do que poderia traçar limites, para retomar a sua formulação: um horizonte no qual uma transcendência, uma autoridade, se expressasse em formas novas para proporcionar sentido à vida humana individual e à vida coletiva, e também uma certa contenção ante os impulsos do poder. "Alguma coisa" está voltando, ainda buscando de maneira difusa seu caminho.

Mas como é possível pensar novas ferramentas, novos objetos, para o que não está claro, o que é fluido? Na sua antropologia das dinâmicas sociais e do político, o que designaria hoje com a palavra "antropologia"? E como pensa esses objetos da antropologia que tendem a se apagar, como o clã, a tribo, a etnia? Eles não estão ligados ao corporativismo, às dinâmicas fechadas, às redes que poderiam então constituir outras figuras do "clanismo" no mundo contemporâneo?

Para começar pelas categorias, eu diria que nossas ferramentas de "leitura", nossas ferramentas de descrição e interpretação com toda evidência não são as categorias usadas pelas pessoas em questão, senão por empréstimo e em caso de necessidade. Um exemplo: há cerca de dez anos tem-se dito que a etnia não existe, especialmente da parte dos africanistas que publicaram textos sobre o tema. É verdade que a etnia é o modo de classificação escolhido pela administração colonial para efetuar seus recenseamentos fiscais e manter seus registros de identidade. Assim, ela congelou uma situação, deu nome a cada um dos conjuntos de população e distribuiu as pessoas de acordo com essas categorias, mais adequadas ao Ocidente colonial, aos primeiros antropólogos que dele provinham, do que às populações propriamente ditas, que não se situam dessa maneira. Uma pessoa é antes de mais nada filho de Fulano e Sicrana, descendente de xis ou de tal aldeia. Podem dizer: "Nós somos kongos", mas naturalmente não vão dizer: "Nós somos da etnia kongo." A referência ao marcador etnia não lhes é necessária. Eles desejam evocar a partilha de uma longa história, a prática de uma língua utilizada para se comunicar e se relacionar, a maneira de reger o poder e gerir os símbolos. Não devemos, portanto, dar excessivo crédito às categorias, pois elas não são "deportáveis" com suficiente pertinência. Por esse motivo, quando Michel Maffesoli evoca "o tempo das tribos" para indicar nossa própria dispersão hipermoderna, devemos ver aí apenas uma maneira de dizer, uma metáfora, um efeito de linguagem. Não se está dizendo que entramos para neotribos, é claro, ou então a palavra perdeu todo o significado.

Resta, contudo, essa maneira que tivemos de definir categorias de situações, por razões de estabelecimento da dominação, para governar um mundo colonial estrangeiro e desconhecido. No início, os etnólogos validaram os usos e depois essas palavras passaram a ter uso metafórico.

São construídas tribos de todas as espécies, inclusive a tribo de fanáticos da informática de que falava Sherry Turkle na década de 1980. Mais grave ainda, o vocábulo "tribo" é substituído por uma palavra que o esconde e, ao mesmo tempo, assimila seu significado, como afirmação extensiva de comunitarismo.

Como então classificar as pessoas? Temos inclusive necessidade de classificá-las?

As democracias precisam classificar. Elas não repousam nas "massas", elas diferenciam condições e classes, confrontam. As ciências sociais, entre elas a etnologia, também precisam identificar conjuntos sociais, configurações culturais, "objetos" que delimitam seus campos de pesquisa. Elas objetivam aquilo que submetem a seus questionamentos e não se limitam a diferenciar classificando, o que seria como uma descendência do nominalismo.

Em compensação, os próprios indivíduos precisam se classificar em relação a tipos de relação.

Os indivíduos têm uma identidade dominante (uma "classe identitária", se quiserem). Mas mudam de referências ao se apresentar, segundo as situações em que se envolvem pessoalmente. Um socioantropólogo da Escola de Chicago, referência notória, William Isaac Thomas, afirmou que nossas representações sobre as situações sociais em que nos encontramos e as maneiras de lê-las constituem essas situações, e não o contrário: "Quando os homens consideram suas situações reais, elas são reais em suas consequências." É possível, portanto, definir a partir de si mesmo as situações sociais, com um certo elemento de arbitrariedade, conferindo-lhes, assim, uma forma que é seu modo de existir para os atores. Nada mais se diz. Os conteúdos sociológicos existem, tornam-se representáveis ao ser classificados. Dizer é fazer existir; dizer é fazer; classificar é, sobretudo, fazer existir para si.

Poderíamos dizer que de certa maneira a tradição colonizadora criou uma espécie de subestrutura na origem do pensamento antropológico?

Sim, outrora uma fonte voluntariamente ignorada. A questão que você coloca acarreta uma outra, de outra ordem: "Que queremos dizer hoje com 'antropologia'?" Primeiro ponto: essa questão de definição me incomoda mais do que incomodaria há cerca de vinte ou trinta anos. Na época, eu "sabia". Dizia que a antropologia é a disciplina que trata das diferenças, que observa e confere sentido e humanidade aos mundos dos homens de outros lugares. Foi o que lembrei num texto recente: "Ver algures, pensar de outra maneira." Segundo ponto: essa definição continua de pé, sendo, portanto, muito mais do que uma fórmula circunstancial.

NUANCES, MESTIÇAGENS E EFERVESCÊNCIA NA CIVILIZAÇÃO

Mas isso pressupõe que existem muitas diferenças...

A esta altura tornou-se mais difícil para nós definir as diferenças, o "diferente", e da mesma forma atualizar o "universal". Os territórios antropológicos de trinta anos atrás na África, na Ásia, na América Latina e na Oceania mudaram profundamente. São cada vez menos marcados pela diferença manifesta, pois é cada vez maior o número de semelhanças que são implantadas ou se implantam nas diferenças iniciais. É a mestiçagem cultural, a erosão das diferenças, o distanciamento pela diferença na globalização, algo de natureza diferente da tecnomestiçagem já mencionada. Mas eu indiquei uma outra legitimação. Devemos continuar observando esses mundos de algures em mutação naquilo que não constituem cópias do mundo ocidental. Sua força será criar o novo, o outro de outra maneira, fazer surgir diferenças novas e necessárias, para inverter a tecnobanalização da espécie humana nos tempos próximos. Países como China, a Índia, o Brasil farão surgir novas concepções da gestão do acontecimento, outras concepções da sociedade, da economia, da história, pois tiveram experiências distintas e receberam outras "heranças", pois produzem dessemelhanças com as mesmas ferramentas. Nesse caso, o antropólogo interroga a diversidade que se faz, a diferenciação das modernidades que se constituem. O outro caminho conduz a um percurso que volta para nós.

A antropologia deu um equipamento conceitual, uma maneira de ver, de olhar, de ouvir, de analisar e de interpretar aplicável aos universos completamente outros que estamos fabricando, que já habitamos. É aí que vamos reencontrar a ideia de que a antropologia exploradora dos continentes, dos territórios e dos povos desconhecidos também pode ser a exploradora dos "novos mundos" que fabricamos, além de ajudar a decifrar o que nos tornamos no interior desses mundos. Penso que o antropólogo está mais bem preparado do que outros especialistas para essa tarefa, por estar menos preso a uma leitura orientada de acordo com as categorias dominantes de sua tradição, os sistemas de poder, os sistemas simbólicos e culturais de seu universo, de sua herança intelectual.

E nisso a antropologia contribui sempre para a elucidação do sentido...

6. A reivindicação do essencial

Se retomamos os termos empregados pelo senhor — "fervor", "transcendência" e "sacralidade" —, levanta-se a questão de saber se podemos pensar uma sociedade, uma civilização apenas no modo viver-junto de maneira relativamente pacífica. Ou será que haveria uma irredutível necessidade de crença, de sacralidade, de sacralização, de fervor e de transcendência além da sociedade?

Hoje, ressurgem transcendências, mas não, em absoluto, nas formas que assumiram na longa duração histórica. Parece-me que as transcendências ressurgem menos sob o aspecto da "potência" e mais sob o da linguagem, como meio de expressão de uma reivindicação de essencial. Com os "sacrifícios" que exprimem de maneira radical essa reivindicação, a transcendência das devoções reavivadas é percebida sobretudo através do islã: vista de fora, ela é chamada de fundamentalismo. Esse impulso de transcendência deveria contribuir para a disciplina pessoal e o apaziguamento, mas é o contrário que acontece. Esse parece ser o único recurso possível, aquele com alguma chance de surtir efeito na expressão da contestação, na recusa da impotência social e política. Não falo daqueles que governam ideologicamente os sistemas fundamentalistas, mas dos indivíduos que se engajam com a força de sua fé, e não apenas para dispor das armas da violência. Eles se engajam então num caminho que pode levá-los ao sacrifício, à violência sacral. Podemos ver aí a forma insurgida da adesão ao retorno da transcendência; como dizia Marx, estão aí a queixa e o consolo da criatura sofredora, mas dessa vez desviados pela manipulação dos violentos.

O presidente Sarkozy também gosta de falar do sagrado, da religião, da transcendência. Os discursos de Ryiad e Roma, a visita ao papa para ser consagrado cônego de São João Latrão dão testemunho disso, após os comentários (um livro publicado em 2004: *La République, les religions, l'espérance* [A república, as religiões, a esperança]) e os debates retomados durante a campanha presidencial de 2007. É difícil interpretar no calor dos acontecimentos, como bem sabem. Acredito, entretanto, que devemos estabelecer um paralelo entre a ideia de uma política de civilização e a do retorno do religioso. Nicolas Sarkozy descobre na ação a teimosia dos "fatos", a "resistência das coisas", e diante dessa fronteira da impotência para dar solução imediata aos problemas urgentes, busca meios de enfrentar. Ele tenta superar o desafio porque sente que certas coisas lhe escapam, que não possui toda a força que julgava ter. Vai então buscar os efeitos da "civilização", depois de ter exaltado os da "religião". Mas seu panegírico da religião surpreende, pois sacrifica a laicidade republicana. Régis Debray tem razão em sua crítica do discurso de Roma, no qual Nicolas Sarkozy afirmava: "Na transmissão dos valores e na aprendizagem da diferença entre o bem e o mal, o professor jamais poderá substituir o pastor ou o pároco." A laicidade atenuada, dita positiva, apaga sua origem republicana.

E por sinal é difícil entender essa intervenção, a não ser como uma espécie de reação, e mesmo de agitação, dando a impressão de ausência de reflexão ante a resistência das coisas e de um sentimento de total impotência.

Sim, é a *reação*. Buscam-se nos sistemas de transcendência e nas tradições dos períodos anteriores, numa época de tecnologia desbravadora e dominadora, meios de não ficar completamente para trás, de não se deixar arrastar numa série de deficiências, fracassos, manifestações de impotência ante a aceleração da Grande Transformação globalizada. Os chamados à transcendência, os sistemas de ação pelo simbólico e a crença também podem ser (claro que não unicamente) meios de proteção contra os excessos do poder, contra a dominação das forças tecnológicas e a autonomia crescente dos "sistemas".

O DESENRAIZAMENTO CONTEMPORÂNEO

No contexto da República francesa, ao contrário do que acontece na tradição americana, instaurou-se uma neutralidade em face do religioso. Reencontramos aí uma concepção francesa do político e do espaço público da cidadania. A própria possibilidade da cidadania repousa nessa neutralidade.

A sociedade americana é uma sociedade inteiramente religiosa, como revelou mais uma vez a campanha presidencial de 2008. Nossa tradição de laicidade, por sua vez, é recente, datando da República, que a introduziu e estabeleceu. Voltamos ao que acabo de associar: a República, a moral, a laicidade, a civilidade e o civismo. Os professores eram chamados no século passado, quando eu estava na escola, de "hussardos negros da República". Havia um certo lado sagrado. Não se falava com leviandade da República e o símbolo republicano da Marianne era uma figura para afirmar essa piedade.

E por sinal se fala de civismo republicano. Mas Nicolas Sarkozy recorre a essa tradição cristã em virtude dos problemas com os quais se defronta atualmente para contornar a política da impotência econômica. Foi a primeira coisa que ele perdeu desde o início do mandato.

Sim, ele perdeu a mão por enquanto, encerrado o primeiro ano de sua presidência. Está procurando meios de ganhar força novamente, de recuperar a iniciativa com outros procedimentos e instrumentos. O instrumento "crença" é um deles, embora o presidente nunca se tivesse apresentado como uma espécie de cristão "combatente". Ele utiliza a instituição com o cinismo dos estrategistas, o que nos ocorre em alusão à "política concordatária" de Napoleão I.

O senhor acredita ser possível comparar essa invocação do religioso na França à volta do religioso observada em certos países muçulmanos? Em sua opinião, seriam fenômenos idênticos ou muito diferentes?

Creio que são fenômenos dominantes, que têm consequências políticas muito fortes, nessa era completamente diferente da história humana, a da ascensão dos meios tecnológicos e dos "novos novos mundos". Ao mesmo tempo, verifica-se uma rápida redistribuição geopolítica do poder, rematando aquela moldada pela história até cerca de vinte anos antes. A ascensão acelerada da China, da Índia, do Brasil designa os futuros núcleos de uma outra modernidade. Temos, portanto, esses dois fenômenos conjugados.

O recurso à religião, a novas religiosidades, *pode* dar aos coletivos meios de protesto, de expressão das queixas e revoltas. Esse aspecto me sensibiliza. Em minhas investigações na "África francesa", me impressionou o grau em que os africanos, não dispondo de uma linguagem política ativa — já que a dominação gerara um estado de vazio político —, despojados dessa linguagem própria e de sua história, transformaram o sagrado no substituto suscetível de ser oposto a uma gestão dominadora e à linguagem administrativa — às vezes, por sinal, de gestão útil e salutar, não necessariamente de todo perversa e assassina. A resposta não podia ser plenamente política: os africanos com os quais eu vivia não tinham mais a sua disposição as "ferramentas" e palavras necessárias. E então, que faziam? Usavam o sagrado de protesto e esperança: os profetismos, os messianismos, os cultos de possessão que em toda parte desempenharam um papel dessa natureza. Era muito claro, a inovação religiosa também era um meio de expressão política. As pessoas arrumavam um deus para si, para ter uma força política favorável à liberação da esperança. Com isso, a força política moderna também podia se beneficiar, como na Costa do Marfim, onde Houphouët-Boigny reanimou seu poder com a contribuição e o apoio dos profetismos.

Foi uma maneira de incitar a um retorno às origens identitárias apagadas pela colonização. Recorre-se ao registro do sagrado para abrir novos caminhos no espaço social e lutar no plano político.

Esse efeito foi particularmente forte e de longa duração no antigo Benin, com os cultos de possessão (cultos de vudu). Eram uma resposta à primeira forma de colonização, a dos entrepostos de periferia e do tráfico triangular. Nesse caso, o religioso foi uma maneira de protestar contra o domínio dos traficantes, do tráfico — de homens, sobretudo, e depois de produtos. Na colonização moderna, teremos um domínio duplo, pela coerção econômica e pela máquina burocrática, administrativa. Creio que assistimos a uma reação no mesmo sentido: com a criatividade religiosa atual, conquista-se uma possibilidade de protesto. Destituídos dos meios de tornar eficaz a "política contra", é o recurso a referências altamente simbólicas que vem a ser proposto pelos vínculos com o sagrado, o recurso a esses modos de intervenção pelo sagrado, pelas forças superiores que ele parece acionar. Ou, então, o contrário tornou-se possível, e mesmo útil, em nossa própria atualidade. São os atores da governança, os gestores que mascaram o pouco domínio que exercem sobre a realidade presente com efeitos de crença. A impressão de ter pouca ascensão sobre a realidade que se faz corre o risco de ir aumentando, sem que tenham sido criados os meios e as ferramentas intelectuais para melhor conhecer o que está em devir e avançar de maneira menos cega nessa região confusa que é o futuro: iríamos assim de impotência em impotência. Veja-se o que aconteceu com a ideia de Europa, tal como concebida por De Gaulle. Ela deveria ser não só uma comunidade de interesses, mas uma grande comunidade de destino, um universo de civilização que se escoraria em uma história longa, para além dos confrontos do passado. E o que foi feito? Deu-se origem a um ser burocrático devorador e a seus parasitas. Por isso escrevi que nos encaminhávamos para uma "grande perturbação" pouco pensada e, em consequência, não controlada.

7. Não somos construídos por uma sucessão de instantes

Gostaríamos de voltar a algo já sublinhado: o pesquisador não é necessariamente um intelectual. Que diferença identifica entre um intelectual e um pesquisador?

Eu simplifiquei. Um pesquisador é um profissional. Tem uma profissão, um método, meios de trabalho, efetua pesquisas no contexto de uma instituição, quase sempre com um objetivo programado. Não é o pesquisador "livre" do século XVIII, nem o pesquisador crítico do século XIX e do início do século XX. É o pesquisador inserido em estruturas, integrado a instituições como o CNRS [Centre National de la Recherche Scientifique], ou outras mais especializadas, como o Inserm [Institut National de la Santé et de la Recherce Médicale]. E também pode ser outra coisa, por exemplo, no caso do Institut de Recherche pour le Développement [IRD], centrado nas questões referentes aos países tropicais, nas questões do desenvolvimento durável, da luta contra as catástrofes naturais. Aqui estamos falando de pesquisadores perfeitamente profissionais e de uma instituição que se pretende disponível, rapidamente útil.

Existe uma situação intermediária, a do pesquisador na universidade. Ele não está necessariamente vinculado a instituições especializadas de pesquisa, fora do seu contexto professoral. Efetua seu trabalho profissional nesse caso com os meios que reúne de maneira mais individual, administra seu trabalho de acordo com o calendário que lhe convém e que é relativamente livre, exceto pelo fato de que precisa ligar sua pesquisa ao seu ensino. Ele tenta fazê-lo, alimentar o que ensina, de maneira a não se esclerosar, a não repetir sem se renovar; caso contrário, transmitiria um ensinamento que não se reanima pelos acontecimentos, pelas mudanças que formam a atualidade e nela fazem surgir o novo, e mesmo o inédito. É uma posição que se pode assumir quando se é universitário e pesquisador, posição por sinal definida pela organização das universidades. As unidades de institucionalização são então chamadas "Unidades de ensino, de formação e pesquisa".

Além disso, houve os intelectuais, os que conquistaram a liberdade de expandir o aprisionamento da profissão, de poder dizer mais o que teriam dito no contexto apenas

NÃO SOMOS CONSTRUÍDOS POR UMA SUCESSÃO DE INSTANTES

da profissão que exercem. São aqueles cuja fala importa quando se trata dos acontecimentos, das mudanças, dos problemas mais importantes da atualidade, os que desbanalizam a fala no interior de uma cultura em que as máquinas e as redes geram, sobretudo, uma tagarelice globalizada. A título de exemplo, eu citaria Roland Barthes, que foi uma figura intelectual pouco contestada. Diretor de estudos no EHESS, ele orientava teses de doutorado em seu seminário de pesquisa e também tinha sua obra pessoal. Esta obra é que lhe dava a base do intelectual que é questionado, consultado, ainda mais pelo fato de Roland Barthes ter sido um homem de esquerda engajado.

Embora o intelectual também pode não se deixar levar pelo curso das coisas e manter-se à parte por escolha. Penso em particular em Claude Lévi-Strauss. Sem dúvida, a partir do momento em que o estruturalismo tornou-se um acontecimento do pensamento, um acontecimento literário, filosófico, uma obrigação para muitos antropólogos deste país; a partir do momento em que houve essa consagração, essa ampliação do domínio inicial, o iniciador francês se encontrava numa postura de intelectual. Como tal ele foi reconhecido na França e talvez mais ainda no exterior. Mas Lévi-Strauss não assumiu posições muito aventurosas quanto aos acontecimentos do momento e aos engajamentos no debate político. Manteve-se mais na periferia, a esse respeito. Naturalmente, teve suas indignações, suas explosões, quando se ia longe demais nos maus-tratos ao pensamento humanista, quando se atentou contra o significado do que é por essência o ser humano e sua diversidade e também contra a riqueza primordial do "pensamento selvagem". Mas não era sua obrigação principal: seu projeto era construir uma obra — e por sinal uma obra que se esquiva de maneira soberana de qualquer classificação. O caso de Claude Lévi-Strauss é significativo no que revela da possibilidade de manter a posição, de não ser "açambarcado". O intelectual, ou o pesquisador que se transforma em intelectual, cuida de se esquivar às tentações do jornalismo talentoso e à submissão à visibilidade midiática repetitiva. Ele é aquele detentor não só da capacidade de habitar seu tempo, a atualidade, mas também a de lançar um outro olhar, de poder dizer o que não é dito. Isso faz com que ele seja, até certo ponto, ouvido.

Na época, o intelectual era aquele que escrevia incomodando. Era assim que Sartre escrevia; Camus, Beauvoir, Merleau-Ponty também, para ficar na geração dos grandes intelectuais do imediato pós-guerra. Existe um domínio do meio de expressão, menos marcado agora, quando se trata da expressão escrita, publicável ou publicada. Mas a condição continua prevalecendo quando se trata dos meios tecnomidiáticos (imagem e voz) e das mídias imateriais proporcionadas pela internet. Ainda é necessário dominar melhor do que os outros esses meios de expressão, para dizer melhor do que os outros aquilo que importa. Penso, sobretudo, nessa espécie de intelectual representada por Bernard Henri-Lévy. É indis-

NÃO SOMOS CONSTRUÍDOS POR UMA SUCESSÃO DE INSTANTES

cutivelmente um filósofo que toma partido. Mas ele tem diante do mundo, da sociedade, dos problemas políticos, da insurreição ética e moral um tipo de atitude que acaba por se adaptar à tomada de posição determinada pelo sistema de comunicação. Nessas circunstâncias, ele se confina no que parece ter-se tornado uma interpretação dele próprio por ele próprio.

O senhor associa o fato de ser reconhecido como intelectual ao aumento do público?

Não é uma questão numérica, mas uma questão de público pela qualidade do que é dito, pela originalidade, a diferença. Talvez eu tenha sido ambíguo: não se trata apenas de público numérico, que pode muito bem ser amplo sem ser *a priori* desqualificador. Trata-se, na verdade, do público criado pelo fato de que alguma coisa que não é conhecida, banal ou repetitiva está sendo dita. Mais precisamente, alguma coisa que esclarece aquilo que o mundo se torna, o que o homem se torna, o que a sociedade que o produz está se tornando. E que da mesma forma manifesta o que continua irresoluto.

Isso quer dizer que o intelectual, em virtude desse talento para se exprimir apesar de uma formação teórica e científica avançada, fala uma linguagem despojada de tecnicismo? E que nesse sentido ele pode ser levado a pensar de outra maneira?

Volto à distinção já estabelecida entre pesquisador e intelectual. O pesquisador habita a linguagem de sua profissão, de seu saber especializado. O intelectual habita uma linguagem diferente, que é mais genérica, menos ligada a limitações de metodologia, a regras de demonstração, de exposição da prova. O intelectual é, para usar uma imagem de Baudelaire, a imagem do fim do século XIX, o "farol" que deseja indicar o caminho do progresso e os riscos nele existentes. O intelectual é aquele que projeta uma luz diferente nas coisas de hoje. É também — algo ainda não dito por mim, mas em que é necessário insistir — aquele que se insurge, que põe em movimento quando sua posição intelectual revela que existe perigo para o homem, para a universalidade do pensamento, para o respeito das liberdades individuais etc. Devemos aqui estabelecer uma relação com o que foi dito antes: uma posição ética, moral, uma vontade de contestação, de pôr em jogo a própria reputação para defender uma causa superando a si mesmo, expondo-se às provações.

Poderíamos então considerar que o discurso do intelectual recorria aos fundamentos de uma tradição quando ela estava ameaçada, ao contrário do pesquisador, que se inscreve por método num campo delimitado de questões.

Na França, a palavra "intelectual" surgiu recentemente. Ela foi então desacreditada, como se viu na época do

NÃO SOMOS CONSTRUÍDOS POR UMA SUCESSÃO DE INSTANTES

caso Dreyfus e das violências que gerou. Tratava-se de assumir posição contra o poder de Estado, de manifestar uma insurreição moral em nome da justiça, da equidade do julgamento e da honra de um homem, ainda por cima oficial militar. A causa criava o intelectual. Hoje o vocábulo designa a maneira que o intelectual tem de situar sua linguagem, de definir sua causa, de situar seu engajamento e manifestar seu protesto. Agora o acontecimento cria menos o intelectual do que a posição por ele sustentada. Na Europa, o Holocausto foi o alicerce da indignação dolorosa contra a máquina de desumanizar, de discriminar para eliminar uma parte da humanidade. Com o tempo, ela se transformou na forma de uma crítica mais permanente, mais ampla, na referência de tudo que atenta contra a própria essência da humanidade, degradando o homem, privando-o de sua liberdade, humilhando-o pela exclusão, reduzindo-o progressivamente ao estado de coisa utilitária. Houve uma indignação comparável no momento da descolonização e depois da recapitulação da época da escravidão. Intelectuais tomaram posição no momento da guerra de independência da Argélia. Havia uma conivência, um acompanhamento, uma ajuda, e depois o manifesto dos 121, que se posicionavam contra a mobilização do contingente, dos jovens obrigados a participar das operações de uma guerra colonial. O apelo à deserção foi lançado por colaboradores de *Temps Modernes*, por iniciativa de Sartre, Beauvoir, Jeanson e muitos outros.

O DESENRAIZAMENTO CONTEMPORÂNEO

Eu me formei como intelectual nesse tipo de situação, a descolonização depois da Resistência. Os grandes "terrenos" em que surge o intelectual paradoxalmente encolheram. As razões de insurreição imediata são diferentes, menos diretamente limitadoras do que quando havia o fascismo, o nazismo, o stalinismo, os campos de concentração e a degradação humana, quando havia os empreendimentos de guerras coloniais, acontecimentos que assinalaram o trágico das "modernidades" do século XX. Esses acontecimentos deram lugar a algo que parece mais distante. Os motivos da indignação revoltada são mais confusos, mais exteriores e ao mesmo tempo mais próximos, pelos efeitos da globalização da informação e das situações de imigração. As pessoas manifestam indignação e protestam pela liberdade em Cuba e na América Latina, pelos direitos humanos na China... É longe. E já não se trata da mesma indignação que levava a combater o colonialismo em casa, o antissemitismo em casa, a discriminação negativa e a opressão em casa. Da mesma forma, certos intelectuais tomam posição a respeito das questões da África, dos grandes dramas da Ruanda genocida, de Darfur e do Chade, ou do Quênia e do Zimbábue mais recentemente. Mas esses acontecimentos são distantes, podem ser apagados da atenção midiatizada em virtude mesmo desse distanciamento. Os intelectuais defrontam-se com problemas percebidos de maneira menos imediata. Os da minha geração, e ainda mais os da geração anterior, eram intelectuais "da proximidade", reagiam a coisas que tinham origem aparente aqui.

NÃO SOMOS CONSTRUÍDOS POR UMA SUCESSÃO DE INSTANTES

Isso significaria que se pode ser um intelectual em relação ao próximo, ou ao distante, mas não tanto em relação às questões ante as quais nos sentimos completamente destituídos de poder? Caberia supor que uma situação particularmente opaca, que uma corrupção intensa pudesse levar intelectuais a reagir, mas eles simplesmente não têm ascendência sobre o fato, não conseguem decifrar os objetos contra os quais lutar...

Para começar, os terrenos mencionados não são da mesma ordem. São os terrenos distantes que ainda provocam engajamento intenso, apaixonado, "humanitário", mas em relação a eles os intelectuais externos têm pouca ascendência e os intelectuais internos são entravados ou convidados ao cinismo corruptor. As reações à repressão no Tibete, ao fortalecimento do regime chinês pelos Jogos Olímpicos de 2008 em Pequim são reveladoras nesse sentido. São acontecimentos ao mesmo tempo extremamente mobilizadores e quase apagáveis por mobilidade midiática.

O senhor não considera que os terrenos próximos, imediatos, são muito difíceis de apreender?

Para responder a essa pergunta, gostaria primeiro de observar que o intelectual, hoje, é "perturbado" por sua relação com os instrumentos com os quais deve expressar-se. A concorrência dos meios de comunicação, a inflação de mensagens e informações e as manifestações reiteradas de atitudes morais ou éticas, sobretudo, acabam por "afogar" seu próprio protesto; isso quanto à relação com o papel de porta-voz, com a "missão" de ser aquele que vê e diz de outra forma. Uma segunda observação: até data recente, o poder era muito mais identificável do que agora — e com isso quero dizer: o poder político, em primeiro lugar, e também os poderes financeiros e econômicos associados. Tudo isso é mais mascarado, apesar dos *efeitos de transparência* que se multiplicam. Como se manifesta o poder político? Através de uma figura central — o "Supremo" —, de figuras secundárias e ainda de técnicos, especialistas, membros das comissões às quais é delegada a incumbência das propostas e aparências. Um intelectual não vai entrar em debate com uma comissão! Tomemos o exemplo da última comissão de modernização e revitalização da economia francesa. Não vejo muito o envolvimento de intelectuais no comentário, unidade a unidade, de cerca de trezentas propostas. Não faz sentido investir contra uma comissão, é uma batalha de especialistas, entra-se em debate com um regime encarnado por um tipo de personagem eminente, com a forma e os objetivos de ação que caracterizam o poder exercido. Mas também sob esses aspectos a situação do poder tornou-se mais "fluida".

Quando volto a encarar a atual situação, a contestação dos intelectuais, daqueles que tentam exercê-la, parece-me dizer respeito à maneira de desempenhar o mandato presidencial, de figurar o "Supremo", de ser detentor de um poder voluntarista e hesitante ao mesmo tempo. As situações são difíceis de apreender: as políticas enfrentam problemas de obediência, ao mesmo tempo que se constata a deserção de certo número de intelectuais. Uns e outros praticam então o *nomadismo das convicções*, o que se traduz na afirmação de um transcender da divisão partidária entre esquerda e direita, sendo a "profissionalização" de todos justificada pela conquista de "resultados". Se houvesse um número suficiente de intelectuais engajados num debate real com o poder, não haveria essa facilidade de transição, essa entrega a uma espécie de *errância do engajamento*. Alguém que se transformou num homem de serviços prestados não pode mais ser um intelectual por inteiro. O intelectual é alguém que aceita o desconforto; é identificado pelos riscos que assume.

Estou assumindo riscos ao declarar coisas assim. Tento apreender as questões de outra forma, colocar o problema de maneira diferente. Mas se vocês me questionassem evocando minha condição de antropólogo, eu não responderia do mesmo jeito. Aqui e agora, respondo como um intelectual distanciado, que evidencia reações imediatas, espontâneas, submetido ao teste de perguntas que lhe são feitas no momento.

O senhor considera claramente que o intelectual — ao contrário do pesquisador — é a consciência crítica da sociedade?

O pesquisador tem a consciência exigente do modo de verdade implicado por seu objeto de pesquisa. O que não é contrário, mas paralelo, à expressão de um espírito livre e civicamente responsável.

Ele produz conhecimento, mas sem uma necessária reflexão crítica sobre a sociedade... Entretanto devemos reconhecer que uma espécie de presença gestora do poder exercido sobre o social dificulta a produção de acontecimentos como antes. Verifica-se então, inevitavelmente, uma anulação da "produção intelectual".

Sim, existe uma certa anulação. Torna-se fácil fazer como a revista americana *Time*, editar um número especial afirmando na capa o declínio intelectual francês. É uma maneira de contestar uma posição pretensiosa, de excessiva importância atribuída aos atores culturais franceses. Mas se poderia usar o mesmo procedimento em relação aos Estados Unidos, à Alemanha ou à Itália, apesar de sua aparente criatividade efervescente. Existe, portanto, uma espécie de anulação. Ela tem a ver com o político e a cultura, que sofreram profundas modificações. Eles se tecnicizaram, recorrem agora a ferramentas diferentes daquelas que eram por excelência as ferramentas dos intelectuais. É produzido um pensamento "maquinal", por assim dizer, ao passo que antes o pensamento nascia da insurreição contra a injustiça, da controvérsia direta, da indignação contra a negação dos valores cardeais, da

NÃO SOMOS CONSTRUÍDOS POR UMA SUCESSÃO DE INSTANTES

revolta e não raro da insurreição do corpo. O modo de produção das ideias e obras já não é em absoluto o mesmo. Para retomar o seu argumento, o intelectual é aquele que mantém a vigília crítica frente à sociedade. Mas o que é a sociedade hoje? Já não sabemos defini-la de maneira óbvia. Estamos constantemente invocando o vínculo social, suas rupturas e seus remendos. Se apresentamos uma tal demanda de um vínculo social mais identificável, definível de acordo com suas funções no campo das relações interpessoais, é a anulação do coletivo que vem a ser assim assinalada. Os coletivos se dissolvem numa individualização cada vez mais difusa e, por sinal, confusa também. Num dos meus livros, eu quis definir o que é o individualismo atual: sua ascendência é incontestável, mas sob a forma de um *individualismo das circunstâncias*, e menos de um *individualismo das escolhas*. Na época do Iluminismo, o indivíduo se afirma e se exprime pela recusa de instituições opressivas que impõem a *doxa*, a ortodoxia, como a Igreja ou a instituição política absolutista. Não conhecemos mais essa situação, pois agora tudo se manifesta na ordem do "fluido", do imediato, do efêmero. A civilização digital, do real digitalizado e do imaterial é uma civilização que funciona em sucessões de instantes. Eu existo numa sequência de momentos, de situações pelas quais me defino. Nesse sentido, o indivíduo é de certa forma segmentado, estabelecido em engajamentos de rápida sucessão.

Podemos então dizer que somos engajados ou desengajados, mas que já não somos plenamente cidadãos.

Concordo plenamente. Sabemos nos sair cada vez melhor. Não sabemos muito bem aonde conduz esse poder-fazer em rápido crescimento. Os sistemas-máquinas têm desempenho cada vez maior, são utilizados com rapidez cada vez maior, mas não sabemos muito bem o que eles acarretam, como transformam o devir de cada um. Desse modo, a preocupação da cidadania fica confusa, como também a do civismo cotidiano.

Tem-se, portanto, dificuldade para perceber as finalidades, enfrenta-se um problema com a análise ou a consciência crítica, o que o senhor por sinal lembrou. Diante do sobreconsumo, os indivíduos são cegados e ensurdecidos. Como poderia exercer-se sozinha, assim, a consciência crítica? Ela precisa se exercer com outras e sobre um objeto.

E acrescento: ela pode tornar-se uma máquina disfuncional. Eu diria que a consciência crítica hoje é antes de mais nada exploradora. Voltamos aqui à minha ideia dos "novos novos mundos", pois estou convencido, repito, de que desde o fim da década de 1980 entramos numa nova era da história humana. De tal maneira que muitas vezes ficamos desorientados: não sabemos como ler o que acontece, temos tendência a utilizar modelos do passado, já gastos ou obsoletos, para entender situações instáveis e "viradas". Assistimos ao advento de um modo de relações aparentemente contrário à posição interrogativa, explo-

NÃO SOMOS CONSTRUÍDOS POR UMA SUCESSÃO DE INSTANTES

radora e mesmo aventurosa do intelectual. O intelectual não pode ser alguém que trabalha com ferramentas ultrapassadas. Ele é, em sentido inverso, aquele que concebe as ferramentas de pensamento necessárias para entender o que advém, o que está se desconstruindo-construindo, se efetuando no interminável canteiro de obras do futuro. Aqui também o intelectual incomoda, quando denuncia a rotinização de ferramentas e práticas, a cegueira "cômoda" que permite aplicar soluções de ontem aos problemas de hoje.

Lembro-me de ter feito amizade com um filósofo — especialista em Husserl — cujo nome vocês sabem: Gaston Berger. Conheci-o inicialmente em minha condição de africanista. Sua avó era uma negra de Saint-Louis, no Senegal, e eu estava voltando desse país. Procurei-o em seguida para propor um artigo filosófico para sua revista. Ele me convidou a colaborar na fundação do seu Centro de Estudos Prospectivos. Esse Centro passou a publicar os seus *Cahiers*, uma série de 16 volumes temáticos. Hoje, no entanto, quem é que se lança com convicção no movimento explorador da prospecção? Quem oferece hipóteses alternativas de futuro? A partir da década de 1960, houve dois movimentos contraditórios. Inicialmente, como podem se lembrar, o posicionamento do Clube de Roma sobre os excessos do crescimento. Era a reivindicação de crescimento zero: vamos parar com esse fazer quantitativo, passemos a um fazer qualitativo, criando relações, mais do que coisas, criando o "social", mais do que o acúmulo destinado a um consumo estimulado pela publicidade, geradora de desperdício.

Em seguida surge a paixão prospectiva, que durou até o fim da década de 1970, no momento em que a primeira crise do petróleo põe fim aos Trinta Gloriosos.[1] Falava-se de tendências pesadas e leves, de inércia no devir da economia, do social e da cultura. Se sabemos identificar as tendências prevalecentes, se imaginamos e construímos hipóteses pertinentes de futuro, podemos então esclarecer a ação pública. Isso na França teve muita importância, especialmente através das iniciativas da Delegação de Planejamento do Território. Dirigida por Jérôme Monod, a Delegação realiza pesquisas nacionais de prospectiva, publicando os resultados. Depois de assumir funções de direção em empresas, Monod tornou-se um assessor próximo de Chirac e mais adiante o promotor e responsável pela Fundação para a Inovação Política.

Houve, portanto, esses movimentos opostos, nas décadas de 1960-1970. Trata-se de frear, pois o crescimento se embala de uma maneira que não é suficientemente qualitativa nem atenta ao crescimento do bem-estar, do bem-viver, enquanto o desemprego e os grandes problemas sociais voltam a se tornar duráveis. Em sentido inverso, a prospectiva leva a se projetar no futuro, a imaginar hipóteses, a buscar a otimização, escolhendo

---

1. Expressão comumente usada na França para designar os trinta anos de crescimento econômico que se seguiram ao fim da Segunda Guerra Mundial. (N. do T.)

a melhor das hipóteses. Mas a lógica do sistema acaba prevalecendo sobre a avaliação crítica e a sugestão de bifurcações a serem tomadas.

Para voltarmos ao momento atual, é isso que me impressiona. Quando Nicolas Sarkozy se refere ao livro de Edgar Morin *Uma política de civilização*, livro que na época não tinha se destacado particularmente, o que ele está querendo dizer no contexto de hoje? Talvez isto: nós temos o saber, as técnicas, as máquinas e os instrumentos para produzir continuamente poder, mas não possuímos os meios necessários para criar a capacidade civilizatória, a capacidade de civilização. É como se fosse reforçada a lei de bronze: quanto mais aumenta o poder, a capacidade de fazer, menos se amplia a de civilizar. É necessário temperar com o qualitativo o quantitativo, que sustenta um crescimento inusitado e a expansão rápida de um único poder-fazer concorrencial e descontrolado.

Quando se tenta moderar a força e estimular o qualitativo, percebe-se que as ideias e a capacidade de iniciativa intelectual são desvalorizadas. O que é estimulado é o que é suscetível de avaliação e expertise...

O que é avaliável, mensurável, o que assinala a capacidade de acúmulo e de vantagem na concorrência, tudo que diz respeito ao universo digital prevalece absolutamente. Isso pode traduzir-se na construção de "índices". Mas uma coisa não pode ser tratada com indexação: a civilização.

Há séculos os filósofos, historiadores e antropólogos debatem o que é a civilização, o que a diferencia da cultura. Isso significa provavelmente um mundo em que a qualidade das relações entre as pessoas, os grupos, as coletividades é continuamente geradora de sentido, "universalizável e compartilhável". É viver juntos num meio relativamente apaziguado, no qual não se tenta com frequência tirar vantagem das próprias forças e riquezas sobre os outros. Ainda é algo vago. Mas me recordo de meus anos na Sorbonne, quando se comentava o trabalho de Henri Berr, editor e autor, fundador da *Revue de Synthèse Historique* e da coleção Évolution de l'humanité. Um de seus trabalhos se intitulava *Civilisation, le mot et l'idée* [Civilização: a palavra e a ideia]. O que aconteceu depois na década de 1960? O paradigma de civilização foi substituído pelo de "estrutura". Com a palavra "estrutura" usada a qualquer pretexto, já estávamos na prefiguração dos sistemas atuais, chegávamos à era da lógica das máquinas inteligentes e ao seu advento.

Uma das dimensões do atual sistema é também um grande desafio frente ao humanismo, às humanidades, à moral: uma ascensão das preocupações éticas e ao mesmo tempo um grande desafio frente à moral.

A ética em questão é, sobretudo, a ética de precaução que baliza os efeitos das novas tecnologias: uma ética especificada, que não é a ética no sentido pleno entendida pela filosofia. Mas e a moral? Eu diria que ela se transformou na instalação de barreiras contra os excessos dos especialistas e encarregados da organização, mas não tanto contra o cinismo dos jogadores financeiros. Barreiras são instaladas, caso contrário eles iriam longe demais. É um problema de limites, mas os limites das relações entre pessoas são vagos e instáveis, podendo facilmente ser apagados na competição desigual.

No século XIX, a ética era o que contribuía para a personalização do sujeito.

Eu ia falar disso quando vocês mencionaram a anulação da moral e a configuração particular assumida pela ética no momento. Sei que a moral foi inicialmente dependente da relação com o sagrado — uma moral "religiosa". Daí ela extraiu sua força de maneira muito coercitiva, até impor uma estrita disciplina dos corpos. A instituição eclesiástica pretendeu durante muito tempo manter uma moral rígida e implacável em relação aos que ficavam à margem. A transcendência justificava a relação disciplinar e os fundamentalismos, os integrismos recuperam hoje em dia sua violência. Depois, houve a tentativa de uma moral laica, enraizada na transcendência atribuída à República. A forma política idealizada tinha a República como figura. Eu a conheci através do ensino, quando era criança. Havia um fervor, ou, em sentido inverso, uma rejeição passional em relação à República. Em última instância, Marianne era uma imagem piedosa como a Santa Teresa de Lisieux das lojas de objetos de fervor religioso. O professor devia dar uma aula de moral uma vez por semana. E a moral estava ligada ao que podemos chamar de civismo, às maneiras de polidez e civilidade, às maneiras de respeitar os outros e a si mesmo, a essas atitudes que são "refundadas" atualmente através das ideias modernas de civilização dos costumes, de sociedade dos indivíduos, de cidadania.

Os poderes assumem a forma da governança dos especialistas. Do ponto de vista acadêmico — e não é apenas o caso das ciências sociais, mas também de outras disciplinas — vamos na direção de uma espécie de tecnicismo burocrático dos professores e pesquisadores. E no entanto a descoberta e a pesquisa pressupõem a paixão do pensamento...

Julgamos estar formando pesquisadores e na verdade geramos funcionários da normalização. Os sociólogos não são os únicos nessa situação, todas as disciplinas são atingidas, e não apenas as ciências sociais. A normalização é efetuada a partir do conhecimento da vida, a partir do momento em que ela é utilizada como meio de identificação policial, como modo de controle administrativo, como modo de pressão para legitimar um sistema de saúde. A normalização se efetua pelo que está vivo, mas igualmente, e com maior ambiguidade, pela internet,

NÃO SOMOS CONSTRUÍDOS POR UMA SUCESSÃO DE INSTANTES

pelos sistemas de informática, os sistemas digitalizados. É o que se revela mais aparente, mais visível, mais temido. Constantemente se está digitalizando, "entrando" cada vez mais dados, criando computadores com uma capacidade fabulosa de cálculo, uma tal potência que já não pode ser representada e escapa à percepção. Ela (ainda?) está submetida apenas a seus mestres.

O senhor acredita que haja uma mudança na "manufatura" dos indivíduos? Os funcionamentos psíquicos são fundamentalmente alterados? Ou caberia supor que subsistem certas coisas: desejo, engajamento, possibilidades, capacidades de criatividade que rejeitam — ou pelo menos podem ignorar — as formas novas da burocracia? Somos envolvidos por uma burocracia insidiosa, muito mais do que julgamos, nessa sociedade de controle. Mas não haveria muita coisa a criar a partir dos próprios sistemas?

Criatividade, insurreição para além dos sistemas, sim, mas por enquanto o que ocorre mais é o inverso, exceto sob a forma do efêmero e do "explosivo". Jean-François Lyotard lançou uma boa expressão para significar a perda das "grandes narrativas". De fato, se precisamos hoje em dia de outras linguagens da criatividade, e também do protesto, é justamente porque as linguagens conduzidas e transmitidas pelas "grandes narrativas" se perderam ou praticamente se apagaram. É preciso criar linguagens que tenham a força dessas narrativas de ontem, mas aplicadas ao mundo presente. Muitas vezes ficamos na retrospectiva, e também no exercício da comemoração, com um pensamento que funciona empregando equipamentos do passado, ao passo que seria necessário se aventurar, considerar esse mundo um universo de exploração no qual é urgente criar, inventar palavras novas e sistemas inéditos de interpretação. É preciso reanimar a audácia da exploração, e não simplesmente cultivar o desejo da gestão, que preserva e busca a segurança. Esse mundo é ainda mais voltado para a segurança na medida em que requer mais audácia na "exploração" do que ele é na sua relação com o risco. Trata-se de uma das contradições de nosso tempo. Ele gera o inédito, culturas "jovens" que querem expressá-lo, por exemplo, e, ao mesmo tempo, gera a incapacidade de entender e controlar realmente o devir desse mundo.

Existem maneiras extremamente mortíferas de assumir riscos — por exemplo, a droga. Trata-se talvez, aí, de recusa do real, da realidade, de evasão em grande escala...

Concordo. Quando se sabe que adolescentes têm como brincadeira enforcar-se, ficar sem respirar pelo maior tempo possível — ocorrendo de vez em quando algum acidente mortal —, embebedar-se até correr o risco de entrar em coma, em disputas absurdas, sabemos que não são apenas adultos sofridos que se destroem até a morte.

NÃO SOMOS CONSTRUÍDOS POR UMA SUCESSÃO DE INSTANTES

Constatamos que existe uma forte incapacidade de se definir e se situar nesse mundo. Trata-se, portanto, de enfrentar a incerteza por meio do desafio, do alto risco, do "tudo ou nada". Quando não se sabe bem quem se é e o que é o mundo, é forte a tentação de enfrentá-lo sob formas extremas que brincam com a morte — e isso de uma maneira ainda mais atraente na medida em que pertencemos a uma civilização da qual a morte é socialmente evitada. Nesse sentido, são imitados os costumes da América: as funerárias cuidam de tudo, inclusive de tornar a morte ela, o defunto não desapareceu, é ainda mais belo do que quando estava vivo. O que espanta é essa maneira de distanciar a morte, como se se saísse sempre ganhando, capaz de brincar controlando a vida até nos grandes jogos funestos. É uma outra maneira de designar a ascensão das biotecnologias, o poder conquistado sobre e pela vida. Fala-se menos de imortalidade, que remete aos mitos, às crenças, à religião, a Platão; fala-se hoje em dia de a-mortalidade. E as possibilidades disso quase estão aí: a morte será "matada" pelos homens.

É a suprema negação do limite: desejaríamos apagar a finitude enquanto característica da condição humana e do sujeito?

A morte é escondida; nas sociedades da supermodernidade, espera-se que ela desapareça, não se deseja muito reviver em outro lugar, num universo idealizado, um paraíso. Todo o poder que se atribuía à transcendência e a seus diversos avatares é atualmente imputado ao sistema de conhecimentos aplicados, de tecnociências, de máquinas inteligentes. A lógica da vida é instrumentalizada, dominada, com a ideia de que o homem se torna ele próprio, por seu saber e seu poder-fazer, criador de vida. Ele adquire (ou julga adquirir) o poder de se tornar em breve mestre absoluto da natureza "viva" e de si mesmo...

Isso já começa no início do século XIX: é o biopoder que Foucault formulou.

Sim, mas hoje o poder conquistado desembesta. Temos atualmente a capacidade de criar, de conceber e fazer surgirem criaturas artificiais e até, mais recentemente, de fazer desaparecer a percepção visual das coisas materiais, sem que esse poder seja reduzido a uma arte de magia. As quimeras pertenciam ao terreno do imaginário e das crenças. Começam a tornar-se visíveis através do recurso às biotecnologias, a estar presentes "de verdade" entre os seres humanos. Vê-se, além disso, o que o virtual constrói com *second life*, com esses mundos duplicados onde podemos criar nosso próprio avatar. Esses mundos virtualmente habitáveis vão adquirir crescente importância e acabaremos por extrair mais satisfação do fato de estar presentes neles do que de nos encontrarmos com problemas reais no mundo real. Verifica-se nos nossos universos uma irrupção contínua do inédito. Era através de uma projeção no imaginário definindo um outro mundo que os homens de outrora podiam representar por imagens mentais e crenças aquilo que se realiza hoje em dia.

O senhor disse que as categorias do pensamento de ontem provavelmente não são muito capazes de dar conta do real de hoje. Seria esse o motivo pelo qual não podemos discernir o futuro?

Sim, porque recebemos e mantivemos uma forma de tradição, de modos interpretativos transmitidos ao longo de muito tempo, inclusive os da ciência, expressos por sua história, seus métodos e suas construções do mundo. Mas o universal ao qual aplicamos esses saberes torna-se de tal maneira desconcertante, tão rápido em sua transformação contínua, seu avanço por rupturas, que nossos referenciais e nossos modos de interpretação, atualizados com dificuldade, começam a se tornar inoperantes. Até na montagem e nos desvios que regem a vida pessoal, cabe lembrar.

O intelectual, para voltar a ele, era aquele que podia, através de seu poder de expressão, indicar uma direção: acontece que no mundo atual se sucedem as rupturas e toda definição se torna efêmera...

Sim, é verdade, creio ter sido esquecida a metáfora do farol (a luz através da inteligência e do fulgor poético) que se encontra em Baudelaire, retomada de outra forma no livro visionário de Victor Hugo intitulado *Deus*. Não existem mais esses grandes faróis que iluminaram a história até o século XXI. Mas então, o que Victor Hugo — que lançava este apelo: "Povos, ouvi o poeta!" — poderia dizer no início do século XXI? "Onde estão os faróis?" A pergunta parece absurda, fora do tempo. As políticas podem ter-se constituído em guias (pela ideologia), arquitetos de um outro mundo (pela forma do regime), para o melhor ou para o maior desastre, para a liberação da liberdade do homem ou para a destruição tecnicizada do humano. De um lado, De Gaulle e Churchill; de outro, Hitler e Stálin. Quando as forças do pensamento, leituras do mundo que é, falham, é o *político bruto* que assume o comando, com o risco das grandiloquências funestas, das tecnopolíticas de aniquilamento. Vem então a fábrica totalitária, cujo funcionamento foi revelado por Hannah Arendt. Estamos atualmente numa modelagem global pelas técnicas em expansão, tomadas em redes que as vinculam em sistemas, cujo controle não está suficientemente garantido. E a economia abre muito espaço para o capital financeiro, que tira vantagem da contínua incerteza — chegando ao risco da catástrofe, como no ano de 2008.

À medida que deixamos de saber aonde vamos, que perdemos o próprio senso da linguagem técnica, os intelectuais se veem incapazes de indicar uma direção. Nesse contexto, assistimos a um retorno do messianismo, da religiosidade, a uma volta aos fundamentalismos.

NÃO SOMOS CONSTRUÍDOS POR UMA SUCESSÃO DE INSTANTES

É ao mesmo tempo a salvação, o horizonte esclarecido, a potência à qual podemos nos remeter para encontrar sentido no mundo e em nós mesmos. Mas será necessário, sobretudo, voltar a dar "motivos de esperança" a Billancourt. Uma expressão de antigamente, fazendo referência, através da fábrica Renault em Billancourt, à obrigação de não malbaratar as esperanças da classe operária. Não existem mais operários segundo a acepção da época. Tampouco existem intelectuais, segundo a acepção dessa época. Também se poderia pedir, copiando a expressão, que não sejam malbaratadas as esperanças da Sorbonne.

Mas os técnicos e os pesquisadores de hoje não encaram os intelectuais daquela época com admiração, considerando que cultivam generalizações vazias, desprovidas de consistência empírica.

Sim, existem pesquisadores *e* técnicos, substituíveis em função das circunstâncias. E por sinal os anglo-saxões usam a palavra *professional* para designar os competentes empenhados na obtenção de resultados imediatos. Fica tudo entendido quando se diz: "É um profissional" — ele tem uma "profissão" precisa, o "saber-ser-eficaz" para o qual foi formado.

Entretanto, perdemos em criatividade e em audácia intelectual, com essa profissionalização exacerbada. Tendemos a nos transformar em técnicos.

É pelos desvios que realmente ganharemos, pela audácia de explorar os mundos, os "canteiros de obras" onde se constitui um presente inacabável. Nenhum discurso canônico do progresso é atualmente admissível, embora sua certeza tivesse durante muito tempo conduzido o movimento histórico. No século XVIII, ela desentravou a liberdade; no XIX, proporcionou meios materiais que permitiram assumir melhor a humanidade. Creio que atualmente não podemos mais falar de progresso, por motivos já mencionados. Não existe mais um horizonte identificado, mas horizontes que se estendem continuamente. Progredir é ir na direção de. Não é mexer-se só por se mexer, não é ser levado num movimento crescente que se perde numa espécie de "cosmos histórico". Em compensação, se o progresso desaparece, rapidamente surgem *progressos*, transformando cada um dos territórios onde se manifestam. Fronteiras recuam, novos mundos surgem. Se um retorno do intelectual for possível, será o retorno por um *desvio*: um desvio efetuado pelo intelectual explorador, que encontra a coragem de se aventurar nos espaços do devir, sem a menor certeza de manifestar toda a sua verdade.

É, portanto, pela coragem e o risco que podemos avançar no plano intelectual.

As ferramentas de que precisamos devem ser criadas, é preciso inventá-las em função desses mundos que se fazem e que devemos interpretar. Um novo Galileu precisaria conceber uma luneta de longo alcance para sondar a história por vir, e não mais o mundo celeste. Para isso, a primeira condição é a total recusa da afirmação de um "fim da história" proclamado por Francis Fukuyama, assessor de um presidente americano. Temos aí a ideia de que existe um fim da história, de que no fim das contas o homem realizou o que tinha a realizar. Resta-lhe apenas administrar da melhor maneira possível o que o equipa e garantir a aplicação de suas capacidades e a partilha de suas conquistas. Ele não tem mais passado, *ele é*. Mas a história é indissociável do político. São as duas forças, uma para garantir uma ordem considerada "boa", a outra porque o movimento garante uma progressão que gera e exprime uma vida coletiva indissociável de toda sociedade. Devemos lembrar que a história foi objeto de um debate com os antropólogos de primeira geração e mais tarde com alguns dos estruturalistas, que apagam ou diminuem a história das sociedades ditas primeiras. Essa afirmação não é admissível. A história é de todas as sociedades, ela nasce da *luta contra a inconclusão*. Nenhuma realização de sociedade é suficientemente acabada, aceita, para renunciar à necessidade e ao desejo de uma superação, de uma modelagem, de uma reconfiguração do social "para melhor". Toda sociedade comporta esse elemento de imperfeição e injustiça, que sequer satisfaz inteiramente àqueles que são privilegiados no jogo das desigualdades. Toda sociedade comporta uma "parte maldita", mecanismos de sacrifício. Assim, nas atuais sociedades de mercado desregulado, estão sempre reunidos o risco, a perda, a insatisfação da falta e a exposição a grande perigo. Eu pretendia escrever um artigo sobre essa ideia de que toda sociedade tem buracos. Pois a sociedade nunca é feita de um "tecido" perfeitamente constituído e os "buracos" são menos intoleráveis para uns do que para outros. Mas existem para todos insatisfações vivenciadas, imputadas aos obstáculos que impõem sacrifícios ao desejo de "fazer" plenamente sua própria vida. Existe sempre um combate e esse combate gera história e "narrativa".

Não é nesse sentido que o senhor pertence à tradição dinâmica, e não estática, da antropologia? A falha, a descontinuidade e a falta são as condições de possibilidade da história. E por sinal podemos aqui aproximar suas ideias da psicanálise...

Às vezes tenho a sensação estranha de que poderíamos chegar a tornar aceita qualquer forma de sociedade. É por assim dizer uma questão de "roupagem". Existe um forte elemento de arbitrariedade em toda sociedade — caso contrário, não teriam existido sociedades-monstro. Eu não diria que eram sociedades de "consenso", mas de qualquer maneira eram sociedades em cujo interior muitos se inscreviam e viviam, uns por adesão, outros por resignação e passividade, poucos com a coragem do grande risco. O célebre romancista alemão Günter Grass reconhece atualmente aquilo que havia calado: sua juventude foi objeto de abuso nessa sociedade-monstro. Ele se transformou em seguida naquele que investiu contra esses ultrajes funestos à humanidade, defendendo o pensamento contestador e progressista. Homem de qualidade, ele não foi capaz de reter a confissão durante uma vida inteira: foi alistado na Waffen-SS com 17 anos sem que isso lhe desse algum sentimento de culpa. De modo que conheceu e sofreu essa espécie de instalação numa sociedade-monstro. Trata-se de um grande perigo que não desapareceu, mas mudou de forma. Quanto mais a sociedade se torna nebulosa, quanto mais os horizontes são confusos, quanto mais as referências, as estruturas e a construção da pessoa se tornam incertas, maior é o risco de que se constituam formas aberrantes e nefastas do social.

Em seu percurso, o senhor encontrou Freud, a psicanálise? Seu questionamento sobre o diferente, o outro, em antropologia, de fato se cruza sob certos aspectos com as abordagens psicanalíticas.

É verdade, em certos momentos eu fiquei meio constrangido com isso. E deveria ter estudado e praticado a psicanálise à maneira de Jung. Como antropólogo, era a que se coadunava mais facilmente com a minha disciplina. Muito mais do que a psicanálise freudiana, ela derivou do mal-estar na "boa sociedade" de Viena e em seguida se estendeu aos espaços da antropologia com Geza Roheim, Bronislaw Kaspar Malinowski, Georges Devereux... A psicanálise junguiana busca o universal pelos esquemas culturais, pelas configurações inscritas nas práticas ritualizadas. Foi, portanto, com essa vertente da psicanálise que eu cruzei. Em O *poder em cena*, eu menciono a leitura, inspirada por Jung, do antropólogo Paul Radin, que interpreta mitos nos quais o personagem central (o *trickster*) é ora um deus ou herói, ora um bufão, e também a leitura por Julian Steward das funções do palhaço cerimonial a partir dos temas de inversão ritual e social entre os indígenas da América do Norte. Com esses rituais de inversão nos quais a sociedade se põe "de ponta-cabeça", se faz escandalosa, nos quais os atores chegam a simular a cópula nos altares, a questão é periodicamente liberar-se de uma ordem estabelecida e enfraquecida, subvertendo-a, para em seguida restabelecê-la, reanimada e aceita.

Foram rituais dessa ordem que Carl Gustav Jung comentou a partir de trabalhos de antropólogos. A tentação, no que me diz respeito, estava afinal para o lado de Freud, a partir da coletânea de sonhos e das descrições de delírios efetuadas em meus campos. Lembro-me de ter escrito um artigo em debate com Maryse Choisy, há muito tempo. Eu encontrava a psicanálise a partir das terapias de crianças de Dolto, de conversas sobre minhas contribuições à revista *Critique*, com Georges Bataille.

NÃO SOMOS CONSTRUÍDOS POR UMA SUCESSÃO DE INSTANTES

Arrisquei-me a escrever um artigo sobre a poesia sob o duplo olhar da antropologia e da psicanálise, "O poeta e o mágico: duas atitudes de ruptura", publicado em 1948 numa revista que deixou de circular, *Psyché*.

A psicanálise coloca a questão da distinção de si e do outro, da diferença.

É a mesma *démarche*, no início. Dar a palavra a um "outro" que vem com sua queixa, seu sofrimento, é obrigá-lo a explorar seu passado em análise. E o antropólogo, o que faz de diferente? Se for anticolonialista, fará surgir a despossessão, a dependência, o sofrimento. Se não for, vai-se prender sobretudo às linguagens pelas quais se diz a diferença em suas manifestações. Em ambos os casos, a volta ao passado — história vivida ou tradição — se opera. É uma volta às origens.

Estamos então no terreno do sentido da história política.

Sim, a política é o combate dos homens em concorrência e a história, o combate dos homens contra a incompletude, contra o inacabado de sua sociedade... e contra seu próprio inacabado.

Para o antropólogo, qual a diferença entre sofrimento e dor?

O DESENRAIZAMENTO CONTEMPORÂNEO

Hoje, habitamos uma sociedade da dor, menos uma sociedade do sofrimento, como aconteceu ao longo do "terrível" século XX. A dor pode ser uma questão de avaliação técnica, o sofrimento é existencial.

Uma "sociedade da dor" por não haver horizontes?

O sofrimento é a dor mais "algo", caso contrário não seria sofrimento. É esse algo que importa, o que é acrescido à própria dor.

8. Antropologia do desenvolvimento e Terceiro Mundo

O senhor trabalhou muito com os conceitos de desenvolvimento e Terceiro Mundo nas décadas de 1950-1960. Ainda é possível sustentar a ideia de um Terceiro Mundo na época da globalização?

Atualmente é uma categoria substituta, uma categoria que serviu muito, mas depois perdeu sua utilidade. Gostaria de lembrar como foi que acabei sendo levado a uma antropologia do desenvolvimento. Na época em que me engajei nessa empreitada, a antropologia do desenvolvimento praticamente não existia e não tinha uma reputação gratificante no pouco que existia. Só se era antropólogo por completo através do trabalho das ideias, dos conceitos, dos sistemas, sobretudo os do parentesco — uma novidade, na época —, mas não se era "antropólogo do desenvolvimento". Havia ali uma espécie de trivialidade. A antropologia aplicada, ou de serviço, era mais ou menos uma antropologia da periferia e das boas obras.

Uma antropologia menor?

Mais do que menor, mal-amada. Os dirigentes políticos e administrativos, os especialistas devem cuidar dessas questões e os pesquisadores preocupam-se com as questões nobres: as da antropologia geral, sem pretender dar à antropologia uma legitimação através das "aplicações" que ela possibilita...

Em 1952, eu estava de passagem em Paris, de volta de Brazzaville com um projeto de tese. Começava a dar um pouco de ordem aos materiais colhidos em minhas pesquisas, no Congo e no Gabão, quando fui chamado pelo diretor (Jacques Chapsal, na época) do Institut d'Études Politiques de Paris [Sciences Po], um alto funcionário, de formação administrativa, cultivado e extremamente atento às questões do momento. Ele teve a ideia um pouco absurda, pouco de acordo com as inclinações mais mundanas da Sciences Po, de me convidar, em vista da experiência que eu já adquirira na África, a abrir um curso, no currículo do IEP, dedicado à antropologia e ao desenvolvimento. Um convite surpreendente da parte da Sciences Po, em que o interesse estava sempre mais voltado para a esfera das grandes organizações, dos sistemas administrativos e políticos dos Estados poderosos, da longa duração histórica na economia, na geopolítica e na história constitucional. E alguém me solicitava a falar do *algures*. Ironicamente, meu curso era dado num dos grandes anfiteatros, o que homenageava a memória de Leroy-Beaulieu, teórico da colonização e do império colonial... E eu estava ali como um fenômeno discordante, frente a um público numeroso e jovem, que me via como um personagem diferente ou insólito: "Aquele que vem de longe, que conta histórias que não são daqui, com objetivos que não têm utilidade imediata, mas fala das coisas desta época e das grandes turbulências que estão por vir." Mantive durante quase uma década esse curso dado de dois em dois anos. Depois, fui chamado a outras tarefas — conferencista na rue d'Ulm,[1] professor na Sorbonne, orientador na EHESS, membro de comissões no CNRS e diretor no IRD (que na época se chamava Orstom [Office de la Recherche Scientifique et Technique d'Outre-Mer]), e infelizmente tive de abrir mão desse curso. Mas esse disparador institucional me orientou para uma antropologia diferente, pelo desvio da antropologia aplicada. Ainda se pode encontrar nas bibliografias referências a meus cursos publicados pelos "Cours de Droit", na forma mimeografada da época.

---

1. Endereço da École Normale Supérieure (*N. do T.*)

O DESENRAIZAMENTO CONTEMPORÂNEO

Certamente seria interessante reler esses cursos estabelecendo um paralelo com as questões de desenvolvimento durável e humanitarismo que atualmente são foco de interesse na Sciences Po...

Significa, cabe lembrar alto e bom som, insistir na retomada, em termos atuais, dos problemas contemplados há cerca de cinquenta anos. Com outras palavras, em outras condições, com outras ferramentas intelectuais e outros modos institucionais de intervenção, é efetivamente o mesmo tipo de questão que ressurge, sem ter encontrado solução.

O segundo elemento que interferiu foi minha relação inicial de amizade e colaboração com Claude Lévi-Strauss, que na década de 1950 era secretário-geral do Conselho Internacional de Ciências Sociais da Unesco. Ele me convidou então para trabalhar com ele e me levou a criar uma unidade de pesquisa que recebeu um nome impossível: Escritório Internacional de Pesquisa sobre as Implicações Sociais do Progresso Técnico (BIRISPT). Tratava-se sem dúvida de uma ciência social aplicada e, portanto, de uma antropologia também aplicada ao estudo das transformações acarretadas pelo início da rápida expansão tecnológica e econômica dos anos 1950. A grande onda viria mais tarde, a partir da década de 1960. Também aí fui levado a raciocinar sobre as implicações sociais do novo progresso técnico, mas a partir de sua origem então atual. A antropologia me levava a considerar a questão do progresso técnico em função do sentido que tem para os povos e as sociedades então chamados "tradicionais", que hoje voltaram a ser, por um lado, *primeiros*, referência às pessoas que ainda continuam *exteriores*, fora do desenvolvimento técnico-econômico, dos sistemas homens-máquinas que concretizam o aumento do poderio.

Quais foram os pesquisadores e os trabalhos que contaram para o senhor na época? Os de Ellul?

Os trabalhos de Ellul são mais tardios e já dizem respeito à crítica que se poderia considerar "alternativa" da sociedade tecnológica. Não, eu encontrei através da Unesco economistas como Simon Kuznets e Gunnar Myrdal, e ainda outros, como Henri Janne, de Bruxelas, com os quais organizei um colóquio. O tema: "Implicações sociais do desenvolvimento econômico: mudanças tecnológicas e industrialização" (publicação das intervenções em 1962, com o mesmo título). Estabeleceu-se uma colaboração também com psicólogos que praticavam uma psicologia aplicada às questões do desenvolvimento e da modernização e especialmente ao estudo dos traumatismos acarretados por um desenvolvimento súbito e "imposto". Era o caso de Otto Klineberg e André Ombredane. Foi no contexto desse modesto centro de pesquisas que fundei uma revista inicialmente mimeografada. Como ela era bilíngue, dei-lhe o nome de *Informations dans les*

Sciences Sociales/Social Sciences Informations. Essa revista seria retomada em seguida pela Maison des Sciences de l'Homme (MSH) e atualmente é dirigida por minha filha caçula, com a colaboração das Éditions Sage, de Londres. Tornou-se uma revista de autêntico público internacional.

O ato de nascimento é este, ligado a uma primeira reflexão sobre o duplo aspecto da nova revolução técnica: onde ela teve início, entre os ocidentais; e onde acarretou os problemas da modernidade dependente, especialmente na aquisição de livre acesso aos meios de desenvolvimento. São os universos exteriores ao Ocidente: o *algures* dos outros e das civilizações outras. Recentemente, propus que passasse a ser chamado provisoriamente de "além-Ocidente", como se dizia em outros tempos além-mar, mas com uma acepção muito diferente.

Como se diz "outrecuidance"?[2]

Você encontrou de fato uma outra maneira de dizê-lo. O além-mar foi a presunção das metrópoles coloniais e o além-Ocidente é a possível presunção expressa e efetuada algures, em relação àquilo que não é ele próprio; é também um efeito de rebote, uma vez iniciada algures a ascensão do poderio, as reações à ampliação de suas pretensões...

Depois de dirigir vários trabalhos coletivos, alguns no contexto do Conselho Internacional de Ciências Sociais,

---

2. "Presunção", jogo de palavras com *outre-mer* (além-mar) e *outre-Occident*. (N. do T.)

fui convidado por Alva Myrdal a participar de várias atividades do Departamento de Ciências Sociais da Unesco, por ela dirigido. Meus "encontros", com isso, se multiplicaram. Eles estimulam e limitam. Um encontro importante foi o de Alfred Sauvy, diretor do Institut National d'Études Démographiques (Ined). Estamos então na década de 1950, sob o efeito da conferência de Bandung. O Ined publica a revista *Population* e, paralelamente, a coleção Travaux et Documents. Compelido pelos acontecimentos da época, Sauvy organiza um trabalho coletivo sobre o tema "desenvolvimento e subdesenvolvimento". O projeto começa com contribuições dos demógrafos, sendo a grande preocupação, na época, avaliar a possibilidade de uma "revolução demográfica". A demografia é tão galopante que o crescimento da população acaba devorando o melhor de um fraco desenvolvimento econômico e social conquistado com dificuldade. Os textos dos demógrafos eram projeções de "tendências" previsíveis nas décadas vindouras. Se a fecundidade, a natalidade e a mortalidade evoluírem de tal ou tal maneira, o crescimento da população em dez, vinte ou trinta anos vai-se orientar dessa ou daquela maneira. Se fizermos a mesma coisa com as tendências do crescimento econômico, de que maneira as projeções das duas séries de curvas as situam umas em relação às outras? Sauvy considerou que não bastava tratar as questões apenas sob o aspecto demográfico. Ele percebia a necessidade de inscrever essa dupla projeção num contexto maior.

Fui então convidado a assumir a direção do volume, que estava em ponto morto. A questão era situar os problemas de desenvolvimento e subdesenvolvimento, não só em sua manifestação demográfica, mas também em sua perspectiva histórica, em seus contextos sociais e culturais e, sobretudo, em seu contexto político: reivindicações dos destituídos, das "nações proletárias", aspiração à independência. Foi o que eu fiz. O livro coletivo foi lançado em 1956, sendo reeditado alguns anos depois. O título inicialmente proposto por Alfred Sauvy era: *Desenvolvimento e subdesenvolvimento*. Eu observei então que era um título que não "falava", sugerindo uma outra possibilidade: "Você fez uma comparação com o Terceiro Estado, num artigo de imprensa, não poderíamos trabalhar nessa direção?" Foi assim que tudo começou. Alfred Sauvy continuava interessado em sua ideia inicial e assim acabamos adotando um título duplo: Le *"Tiers Monde": sous développement et développement* [O "Terceiro Mundo". Desenvolvimento e subdesenvolvimento]. Rapidamente a expressão se espalhou pelo mundo. Ninguém a usava antes. Sou, portanto, o iniciador e difusor dessa expressão que tem aí sua origem, uma expressão que adquiriu um sentido universalizado num momento e por um período da história contemporânea.

Esse conceito de fato abriu um espaço diferente para o pensamento teórico em ciências sociais, econômicas e políticas.

É necessário lembrar que estamos falando da década de 1950, época de grande tensão entre os "dois blocos" de nações antagonistas. É também o momento em que se realiza a conferência dos "não alinhados", em Bandung, em 1955, com o papel dominante nela desempenhado pelo *pandit* Nehru. A expressão "não alinhados" já fazia referência à reivindicação principal: romper a dependência. Em Cuba, teria início pouco depois a "Tricontinental", significando o efeito Castro imediato depois de 1956, a fixação na revolução cubana. Eu fui em seguida convidado para uma celebração com Michel Leiris. Foi sob influências assim que eu dei uma interpretação explicitada, a do surgimento de um Terceiro Mundo de nações no cenário internacional. A expressão teve um sucesso que não estava previsto quando o título foi adotado para o trabalho coletivo do Ined. A intenção não era designar um "terceiro bloco" que se formava, estabelecendo uma equivalência com os dois outros, num jogo de confrontos planetários. A referência era antes o Terceiro Estado, na linha da expressão do abade Sieyès no fim do Antigo Regime francês: "O que é o Terceiro Estado? Nada. O que pretende ele ser? Tudo." A ideia, portanto, era indicar a ascensão das nações até então dependentes, que haviam ficado sem autonomia de expressão, privadas do direito de dizer o que são e o que querem. Elas tinham sido "pouco" até então, preparavam-se para exigir ser "muito", pois eram demograficamente as mais populosas, impacientes de liberdade e detentoras da maioria das riquezas básicas.

O DESENRAIZAMENTO CONTEMPORÂNEO

O sucesso da expressão fez com que fosse utilizada nos países anglófonos, onde se transformou em *Third World*, "Terceiro Mundo", que não era o significado inicial em francês.[3] Assim como existiam, sob o Antigo Regime, as queixas e reivindicações do "Terceiro Estado" — a classe desfavorecida, como se diria hoje em dia —, havia na década de 1950 o possível paralelo da reivindicação das nações menos "avançadas": essas "nações proletárias" que ainda estavam na última fase de dependência, de dominação imposta, de desenvolvimento orientado antes de mais nada para os interesses externos. Frisando esse aspecto, um colega americano, André Gunder Frank, antropólogo e economista marxista, propôs uma outra expressão, "desenvolvimento do subdesenvolvimento", proposta feita com base em minha própria formulação e relativa a uma fase posterior do subdesenvolvimento mantido. Ele mostrou que se afirma "conduzir programas de desenvolvimento", mas que na realidade, mantendo-se intactos os jogos de dominação, o subdesenvolvimento é mantido e agravado. De certa maneira, ele é alimentado, nutrido.

Foi assim que "Terceiro Mundo" acompanhou um período, o período das emancipações coloniais e da reapropriação das histórias "outras", da irrupção das novas

---

3. Existe em francês uma distinção entre *tiers* e *troisième*; se a expressão "Terceiro Estado" é *"Tiers État"*, o vocábulo *troisième* tem uma conotação de série hierarquizada que *tiers* comporta menos, antes remetendo a "terço", como em "um terço de um total". (*N. do T.*)

ANTROPOLOGIA DO DESENVOLVIMENTO E TERCEIRO MUNDO

nações, dos novos parceiros ativos no cenário internacional. Esse conjunto de nações compõe uma força nova que na época ainda não sabíamos classificar. "Terceiro Mundo" proporcionava uma comodidade léxica, uma fórmula de identificação da qual logo nos apropriamos. Em seguida veio sua tradução teorizada, com a ideia de que o Terceiro Mundo pode apresentar uma "versão" diferente, mas possível, da história vindoura e do desenvolvimento econômico, um outro futuro aberto às coletividades organizadas em sociedades, culturas e civilizações. Eu me mantive ativo em todas essas etapas, particularmente com meus cursos no Institut d'Études Politiques e sua publicação: *L'anthropologie appliquée aux problèmes des pays sous-developpés* [A antropologia aplicada aos problemas dos países subdesenvolvidos] (1955), *Les pays sous-développes: aspects et perspectives* [Os países subdesenvolvidos: aspectos e perspectivas] (1959), *Les pays en voie de développement: analyse sociologique et politique* [Os países em vias de desenvolvimento: análise sociológica e política] (1961).

O Brasil assistiu nessa época ao surgimento de teorias sobre o desenvolvimento e o subdesenvolvimento, nas ciências sociais e na economia política, com autores importantes que o senhor conhece, como Celso Furtado e Fernando Henrique Cardoso. Já era então um descentramento em relação ao Ocidente.

Um incontestável descentramento. Mas hoje a afirmação de um terceiro modelo parece menos pertinente. Primeiro, porque os próprios países subdesenvolvidos se diversificaram, entrando de maneira desigual numa fase de modernização. Alguns se desenvolvem, seu progresso se acelera, eles atingem a modernidade atual. Tornam-se aí inovadores e iniciadores, ao passo que na década de 1950 se encontravam em estado de subdesenvolvimento. Na época, a China ainda era incluída no grupo dos países em vias de desenvolvimento! Depois, a globalização, o relacionamento entre todas as sociedades, a generalizada e universalizada criação de redes reduzem as separações — sem que a unificação do "Todo-Mundo" esteja em vista no apaziguamento.

9. Os canteiros onde são fabricados o social, o cultural e o simbólico

O senhor disse: "Existem os encontros", tanto intelectuais quanto afetivos, com certeza. Encontramos no outro um apoio para o desenvolvimento do nosso próprio pensamento, ao mesmo tempo contribuindo para desenvolver o do outro. Houve momentos em que o senhor teve mais encontros?

Minha vida foi geograficamente dispersa, fora inclusive dos meus terrenos "africanos". Minha paixão pela mobilidade foi uma paixão pela diversidade de países, de sociedades, de culturas, de pessoas. Eu gostava de ser chamado para trabalhar, para ensinar e efetuar pesquisas e criar grupos de pesquisa. Em outros lugares. Em todas as vezes, abriram-se oportunidades novas de encontro, de conivência, de amizade, de afeto amoroso. Eu sempre tive essa paixão e ainda a tenho. Se vocês leram meu livro *Conjugaisons* [Conjugações], a primeira frase é: "Eu detesto o isolamento." Por isso é que não sou um intelectual de torre de marfim, mas estou em movimento, em busca dos outros, do inesperado, do inédito, dos riscos e talvez também de um alhures a ser continuamente reanimado.

Já se disse que Marcel Mauss era um "intelectual de gabinete". Mas ele também era um "aventureiro", explorando ideias, textos, e foi dessa maneira que ele elaborou concepções teóricas novas em antropologia.

Mauss é uma de minhas referências frequentes. Tenho com ele uma relação de afinidade, de familiaridade, de conivência intelectual, embora só o tenha visto uma vez em circunstâncias lamentáveis, da última vez que apareceu em público. Conheci efetivamente alguns dos que acompanharam seu seminário, como Leiris, Bataille, Caillois, Métraux e outros. Eles confirmam que foi uma grande época cultural, na qual a aventura criadora se multiplicava. Mauss conduzia essa aventura através de suas inúmeras "leituras". A frase que se costumava dizer para falar dele era "Mauss sabe tudo", subentendendo-se: ele leu tudo, é capaz de comentar tudo. Mas há também o fato de que Mauss se mostrava atento ao meio cultural parisiense. Estava ligado ao célebre Collège de Sociologie de Caillois, Bataille e Leiris, aos surrealistas, ao mundo da arte viva. Sobretudo em Paris, pouco no exterior, foi muitas vezes criticado por não ter viajado muito. Mas ele foi à Holanda, à Inglaterra, fez uma única e breve viagem aos Estados Unidos, financiado pela Fundação Rockefeller. Além disso, eu tinha essa afinidade com ele: ele era um medíocre anglófono, só que ele aparentemente nunca se curou disso. A afinidade profunda é a afinidade da opção "dinamista", que nos dois casos tem a ver com o engajamento nas turbulências sociais e políticas, com os mergulhos na atualidade.

Esse tema dos encontros, tão central, tem uma relação direta e certa com a escolha da antropologia de minha parte. Pois a antropologia significa ir a outros lugares, visitar outras pessoas, que revelam uma outra realização do humano, a respeito dos quais devemos nos questionar, fazer-nos constantemente perguntas. Pouco ou nada sabemos deles, não devemos interpretar sem antes ter buscado o caminho da compreensão. Se não quisermos ter uma relação desigual, estabelecendo um vínculo de superioridade ou de dependência servil, é preciso chegar a uma compreensão da relação inédita, não raro obscura, criada desde o início. Ver, escutar, participar para ter uma experiência compartilhada, apreender diretamente a maneira como o outro se situa em seu universo de relações sociais, de relações de significados, de símbolos instituintes. É verdade que se trata da mesma *démarche*: ter "fome" de encontros é também ter "gana" de contato com outras maneiras de se expressar social e culturalmente, de construir o viver-juntos...

...e também de contato com outras maneiras de pensar. Desse modo é possível observar e reconhecer a diversidade pela qual o pensamento toma forma e se inscreve num espaço social, a diversidade das formas de pensamento nas culturas...

...vale dizer, outras maneiras de se situar na "vida", na história, na construção da relação com o mundo. A antropologia mobiliza, portanto, um esforço para alcançar essas espécies de filosofias implícitas com as quais todos os povos dão forma a sua identidade. É talvez aí que se deve penetrar mais fundo para compreender melhor, para não ficar apenas na apreensão externa, objetivada e efetuada segundo o método conforme. Ao se transformar em profissão, a antropologia veio a se escorar cada vez mais nos tratados e nos livros de método: convenções para tratar do parentesco, dos poderes, da religião e do sagrado, do simbolismo e das práticas ritualizadas. A antropologia institucional definiu, sobretudo, métodos suscetíveis de serem reduzidos a algoritmos superiores e depois construiu a profissão com os que sabem usá-los corretamente. Assim foi que perdeu o que está em sua própria origem, uma certa curiosidade "ingênua", um forte desejo de curiosidade, que nasce da necessidade de ir ao encontro do desconhecido. É necessário encontrar condições de voltar a essa situação. Precisamos ser capazes de dizer: "Eu não sei"; "Minhas interpretações imediatas são constituídas de empréstimos tomados a esquemas

lógicos que são antes meus do que dos meus encontros".
A regra de conduta poderia ser: mais modéstia diante
das práticas e de sua legitimação, uma crítica alerta em
face das situações e linguagens que impõem sua própria
limitação às práticas observadas. Sem querer exagerar,
podemos ainda assim afirmar que o *savoir-faire* científico
está incompleto se não é acompanhado do exercício do
feeling, da *sensibilidade* aberta aos outros e a seu mundo.
Nós enfrentamos — por conforto, pode-se dizer —
dois riscos de isolamento, um pelo método, outro pela
"tradição" imperativa atribuída aos "antropologizados".
O mais importante é construir o encontro do conhecimento nesses canteiros de obras onde são fabricados o poder, o social, o cultural, o simbólico, onde se constituem
estratégias de utilização e onde os afetos e os interesses
particulares pesam muito. Essa contínua elaboração do
que é produzido continuamente permite a vigilância, ante
as armadilhas do enquistamento por rigidez sistêmica.

*Nesse sentido, o senhor se aproximou muito da tradi-
ção dessa antropologia anglo-saxônica que retomou a
questão do político, da dinâmica da história, de maneira
muito diferente da antropologia estrutural.*

Sim, cheguei inclusive a invejar a situação de meus colegas britânicos nas décadas de 1950-1960, até o início
da década de 1970. Sua antropologia era valorizada,
estabelecida, diversificada numa espécie de coexistência

tensional. Aqui, nossa antropologia ainda era um universo em formação, um universo de raro acesso, ainda assoberbado de saberes "coloniais". Era preciso desempoeirar a velha etnografia, levar em conta a descolonização nascente, multiplicar os locais de trabalho. Os grupos se observavam, se contestavam, e logo a corrente estruturalista viria a se insinuar rapidamente em tudo.

Era ao mesmo tempo uma escola, no sentido de escola científica, mas também uma capelinha, no sentido de que os adeptos se apoiavam, ajudavam as figuras eminentes, contestavam tudo que se desenvolvia fora de sua *doxa*. Ao passo que entre os britânicos podia haver, em Oxford, uma escola por trás de Edward Evans Pritchard, em Cambridge, uma outra, com Edmund Leach e Meyer Fortes, e ainda uma outra em Manchester, com Max Gluckman, e depois em Edimburgo, por inspiração de Kenneth Little etc.; e novamente em Cambridge se impunha um iniciador de *démarches* inovadoras, autor de uma obra considerável, Jack Goody. Tive o privilégio de ser *fellow* do All Soul's College em Oxford. É o máximo do máximo. Não há ensino. Não há obrigações, apenas a disponibilização de locais (nobres!) e de meios de trabalho. O gabinete que eu ocupava lembrava T. E. Lawrence com um busto — Lawrence da Arábia fora recebido ali. E por sinal eu me hospedava num bairro chique de Oxford, livre de qualquer obrigação durante um semestre. De início, eu era como um personagem insólito, num lugar onde funciona uma espécie de esnobismo aristocrático, uma ostentação da distinção. Ah!, é terrível no início, exótico depois, e no fim das contas, um privilégio fecundo. Eu consegui "atropelar" alguns *fellows*. Esse *college* é financiado pela aristocracia inglesa. Se eu lhes contasse como era a refeição da noite e seu formalismo, a longa mesa separada numa sala incorporada ao espaço da "capela"... Mas o formalismo tem seus momentos de afrouxamento. Ao meio-dia, almoçávamos numa espécie de bufê, num compartimento chamado Battery. À noite, em compensação, tínhamos de usar a túnica de doutor, os garçons usavam *black tie*. Claire, minha mulher, lá esteve várias vezes. Íamos buscá-la no aeroporto de Heathrow num Bentley, mas ela não podia participar das refeições noturnas, exceto aos domingos, quando era permitida a presença de mulheres.

Certas formas de machismo estão registradas na história desses colleges...

Registrei minhas impressões britânicas num livro publicado pela Stock, *Histoires d'autres* [Histórias de outros], no qual dedico algumas páginas a essa passagem pela All Soul's. Na verdade, eu vivi em Oxford uma de minhas experiências mais "etnológicas". Estava num lugar de lugar nenhum, pois não é comparável a nenhum outro, estabelecido fora do tempo, pois ali os séculos se sobrepõem. Era como uma espécie de recuo no passado, a uma época clerical. À noite, na hora do jantar, nós ouvíamos todos aqueles colégios com seus carrilhões, encontrávamos nas ruelas da velha Oxford os universitários com suas túnicas esvoaçantes. Eles iam para a *high table*. A gente ficava se perguntando onde é que estava, em que tempo, em que lugar. Mas lá eu convivi com excelentes especialistas do Institut d'Anthropologie e comecei uma autêntica amizade com um antropólogo, John Middleton.

O senhor se voltou para a tradição inglesa de antropologia porque ela abrangia toda uma diversidade de escolas, ao contrário da tradição francesa, que foi desembocar na limitação estruturalista?

Na tradição francesa, para começar, quais são os vetores fortes? Ela era assumida por herdeiros de Marcel Mauss, com todos que reivindicavam uma forma de comunidade intelectual constituída por ele, ao seu redor. Eram escritores como Leiris e Bataille, pesquisadores como Louis Dumont, o indianista, Alfred Métraux, Marcel Griaule, Denise Paulme... uma geração anterior à minha.

No caso da etnologia africanista, havia sobretudo o grupo em torno de Marcel Griaule, Germaine Dieterlen e Jean Rouch, que se estabeleceu entre os *dogon* no Mali. Sua orientação, sustentada a longo prazo, dizia respeito sobretudo aos sistemas de representação, aos simbolismos e sistemas de signos, aos rituais, com a exigência de alcançar o "conhecimento profundo". Fortaleceu-se então a ideia subjacente de que existe de fato uma espécie de eternidade das civilizações quando elas são, como é o caso dessa, não tecnológicas no sentido moderno (pois têm ferramentas e *savoir-faires* complexos), não sendo arrastadas na corrente da superação econômica e da busca de poder. Era uma escola que estudava a construção da pessoa e as práticas coletivas consideradas sob o aspecto do simbolismo e das representações sociais. Griaule e Germaine Dieterlen, que eram próximos, queriam atingir um "conhecimento profundo", sobre o qual a história e o tempo não têm muita ascendência. Mas eu já estava impaciente. Em certo sentido, estava farto dessas teorias que identificam sociedades do "sem", como se sua diferença fosse a falta daquilo que nos define. Lembro-me de uma conversa com Marcel Griaule, que me dizia, num debate sobre minha tese de doutorado: "Eles não têm indústrias, não têm monoteísmo, não têm desenvolvimento econômico e político real, não têm..." E também: "Eles são ricos de conhecimentos, de poderes, de outra maneira." No fim das contas, sua riqueza estaria reduzida a sua absoluta singularidade, a sua suposta ausência de vinculação ao movimento da história? Apresentados dessa forma, eles não *são* nada em comparação com muitos não iniciados, senão produtores de exotismo e geradores de desenraizamento.

Essa escola caracterizava estados, ao passo que o senhor já se inclinava para um estudo dos processos e das dinâmicas.

O mais surpreendente é que Marcel Griaule foi membro da banca examinadora da tese que defendi na Faculté des

Lettres da Sorbonne em junho de 1954. Era uma época exigente, quando eram obrigatórias duas teses, sendo uma delas a principal, a ser impressa para a defesa. Foi *Sociologia da África negra*, que continua a ser editada. Nesse sentido, acredito ser um "tesista honorário" dos mais bem-sucedidos. Não foi nessa tese que Griaule foi membro da banca, mas na outra, a "complementar": *Sociologia das Brazaville negras*, que recebeu o prêmio de tese da Fundação Nacional de Ciências Políticas. Nela, eu adotava a postura inversa de sua concepção do "africanismo das sociedades da tradição". Ele foi de uma grande elegância.

Como foi a defesa?

Eu fui parabenizado. Claude Lévi-Strauss estava presente e se agitava para demonstrar sua aprovação, para me encorajar. Eu me senti muito apoiado por esse gesto de atenção amistoso. E por sinal ele redigiu um comentário para a *Revue Française de Science Politique*, após a publicação dos meus *Brazzaville negras*.

Quais eram os outros membros da banca?

Além de Griaule, George Gurvitch, o orientador de tese, Georges Davy, na época decano de letras e que estava na presidência da banca, um geógrafo tropicalista, Charles Robequain, e um geógrafo de orientação marxista, Jean

Dresch. Não era uma banca de conveniência. Eu tive direito a cumprimentos, o que era raro na época. O aspecto divertido está ligado a uma anedota. Quando fui eleito professor da Sorbonne, recebi um dos exemplares de minha tese principal destinados aos membros da banca e aos professores da disciplina. Esses exemplares oficiais deviam ter uma capa de acordo, com a menção: defesa de tese de X, data e título registrado. No exemplar que me foi entregue por Suzanne Bonnefoy — secretária da Faculté des Lettres, irmã do poeta Yves Bonnefoy — estava a resenha de Georges Davy. Ele havia perdido a folha de seu relatório de presidente. De modo que eu tenho em meu poder o comentário sobre a minha defesa. Era gentil e lisonjeiro.

Gurvitch tinha uma ampla cultura filosófica e jurídica, uma cultura de teórico do direito e da vida moral. E, sobretudo, perseguia a construção de uma nova teoria geral, anunciada por seu livro *Vocação atual da sociologia*. É um dos raros especialistas que logo entenderam o que eu queria fazer. Ele encontrava na minha tese, na minha antropologia dinamista em formação e nos meus resultados de pesquisa uma confirmação do seu tema predominante: as sociedades nunca estão acabadas, estão sempre em estado de desconstrução/reconstrução, são como canteiros de obras. Por isso é que ele me tomou sob sua proteção e depois como amigo. Logo em seguida confiou-me a corresponsabilidade pelos *Cahiers Internationaux de Sociologie*. Era uma época em que

O DESENRAIZAMENTO CONTEMPORÂNEO

não havia ainda cristalização burocrática, nem uma separação entre especialistas, na qual os que voltavam do "campo" eram objeto de uma real curiosidade. Por sinal, no campo, não éramos muito numerosos. Mesmo os geógrafos tropicalistas, cultivando uma ciência mais diretamente aplicável, eram poucos. Nós éramos menos de uma dezena de novos no espaço colonial francófono. Por esse caminho eu volto aos antropólogos e sociólogos de Manchester. Por que me interessei pela escola de Manchester? Logo ao assumir a direção de estudos da École Pratique des Hautes Études, em outubro de 1954, estabeleci relações com Max Gluckman. Ele era o personagem em torno do qual essa escola viria a se organizar. Eu já tinha o projeto de uma antropologia dinamista, que dá lugar ao conflito, ao movimento contínuo das sociedades e das culturas. Nada nunca está pronto, tudo se produz e se constrói continuamente. Nossas interpretações variam, mas nossas pesquisas dizem respeito à dominação, a seus efeitos e suas implicações. De tal maneira que não demorei a convidar Max Gluckman a dar conferências no Centro de Estudos Africanos criado por mim na EHESS. Ele tinha cerca de dez anos a mais do que eu. Num de seus livros, que eu apreciei muito, *Order and Rebellion in Tribal Africa* [Ordem e rebelião na África tribal], ele desenvolve essa ideia central — segundo minha leitura — de que encontramos em toda sociedade, constantemente, conflito, tensão, dinâmica, questionamento, e de que não podemos produzir a fotografia de uma sociedade fixando sua imagem. É o que "se mexe" que é menos inexato, menos enganador.

Gluckman foi traduzido para o francês?

Que eu saiba, não. Não sei se hoje em dia seria útil, senão para indicar o reconhecimento de sua contribuição científica. Por um lado, os trabalhos em língua inglesa tornaram-se mais acessíveis. Por outro, a leitura está menos ligada à paixão da pesquisa, passou a dispor de sistemas de consulta que permitem escolher o "necessário". As pessoas clicam para ter acesso imediato às fontes, não se trata mais de explorar bibliotecas para chegar lá. Leem de maneira utilitária, segundo sua faixa etária, suas necessidades, suas preferências. Não leem como curiosos, buscando caminhos insólitos, caminhos transversos. Hoje em dia não existe mais essa pressão, essa limitação: traçar passagens na exploração de bibliotecas. No mínimo por haver a comodidade dos bancos de dados, dos livros digitalizados. As pessoas navegam e a máquina responde e por sinal o trabalho de informação conta com sistemas de perguntas e respostas.

Voltando a Gluckman, certos colegas situaram Manchester (com um propósito específico) como local de formação da antropologia dinamista, como fonte de inspiração. Acontece que nossa convergência se expressava pouco através da preocupação de chegar a uma construção teórica, se não a uma mesma sensibilidade crítica. Quando lemos Max Gluckman com atenção, podemos nos dar conta disso. Ele era reconhecido como um antropólogo dos problemas concretos atuais, mais ligado ao conhecimento aplicável. Não era o antropólogo britânico a ser mostrado ao mundo, como Sir Edward (Evans Pritchard) ou Sir Raymond (Firth), mas aquele que vinha de outras paragens, da África do Sul, onde cuidou sobretudo de práticas agrárias, de direito e costumes entre os *barotse*. A "grande antropologia" se exercia em outros lugares (Oxford e Cambridge), por outros homens ilustres. Ao visitar o meu Centro africano, ele não atraiu grande público. Atraiu meus alunos, mas poucos dentre os meus colegas. Ele não era da sua época, da época do absolutismo dos "conceituais".

George Simmel e Norbert Elias também estavam fora da instituição. A propósito de Gluckman, o senhor se refere ao aspecto inacabado e à tensão permanente, ideias que por sinal Elias viria a retomar mais tarde.

Vocês com certeza sabem que Norbert Elias igualmente teve uma autêntica experiência como antropólogo africanista. Viveu em Gana durante vários anos e circulou. Eu também fui um grande "nômade", "presente no mundo", nos mundos. Trata-se, portanto, de uma experiência compartilhada, ao mesmo tempo pessoal e epistemológica, por assim dizer. Ela leva Elias a dar ênfase à implicação emocional, à dialética do engajamento individual e ao mesmo tempo ao "distanciamento" frente às representações afetivas dos fenômenos sociais. As configurações sociais são continuamente afetadas pelas ações imbricadas dos indivíduos.

OS CANTEIROS ONDE SÃO FABRICADOS O SOCIAL...

Embora sua escrita, os processos e a dinâmica de que dá conta sejam excepcionais, Elias foi menos endeusado na França do que Foucault.

Ele foi recebido inicialmente com certas fórmulas, como "civilização dos costumes", "sociedade dos indivíduos" etc. É o que me irrita na história "parisiense" das ideias, desde o último pós-guerra. Nela, as escolas não entram em confronto, empurrando umas às outras, se entrechocando, se batendo. São sobretudo sistemas de pensamento que geram procedimentos, fórmulas, novidades de linguagem. Teremos então "Terceiro Mundo", "estrutura" ou "civilização dos costumes". Temos também a formulação de Albert Hirschman, que se voltou para a Alemanha, as reações ao totalitarismo. Escorando-se em sua experiência de economista, ele estudou as estratégias sociais de defecção e construção da fala, os questionamentos sobre o próprio sentido do progresso, sobre o "possibilismo", caracterizando as três questões da seguinte maneira: *exit, voice and loyalty*. E temos então fórmulas-citações repetidas religiosamente. Existem outros casos. Fiquei irritado ao constatar, em certas teses ou textos de colegas, que a palavra "bricolagem", usada num texto de erudição, vem entre aspas, com reiteradas referências à "antropologia estrutural" e mais precisamente a Lévi-Strauss. E, no entanto, se trata da utilização de um vocábulo comum simplesmente para indicar o que eu explicitei de outra maneira na teoria das sociedades: sociedade inacabada, sociedade "esburacada", sociedade em luta contra a imperfeição.

É muito interessante, pois remete a uma necessidade real de bricolar, de construir, mas sem se permitir, sem coragem. Para legitimar a realidade dessa bricolagem, temos de nos referir a Lévi-Strauss. Os pesquisadores não têm coragem de dizer claramente a maneira como trabalham. Em vez de publicar com referee *anônimos, em publicações muito institucionalizadas, os autores dos trabalhos mais notáveis muitas vezes publicaram em revistas pouco conhecidas. Temos em mente os* Ditos e escritos *de Foucault, em que ele dá constantemente mostra de uma extraordinária liberdade de pensamento.*

Você o disse bem: liberdade de pensamento. Creio que na utilização dessas fórmulas, desses *ready-made* intelectuais, temos o efeito de uma certa facilidade intelectual, de uma incapacidade de pensar "por si mesmo", aceitando o risco de não se manter nos trilhos, e sobretudo da indiferença penalizante às preferências do momento.

A falta de ousadia explicaria uma certa esterilidade do pensamento teórico e do discurso intelectual atuais?

Sim, além da necessidade de se sentir seguro. São percorridos caminhos já traçados, conhecidos. Não se assume o papel daquela ou daquele por quem vai se desenvolver o novo, através dos riscos, das audácias e certamente também de contribuições contestáveis, daquele que conduz pelo menos uma pesquisa inédita, que explora, avança, se mexe.

Em vez do movimento, são preferidas *variações* múltiplas sobre um tema principal adotado de uma vez por todas.

Não seria essa, já, a lição de Weber em Economia e sociedade ou O político e o cientista, em que ele assinalava o início de uma institucionalização e de uma burocracia?

Essa teoria da degradação através da lógica das burocracias, da racionalidade burocrática extrema, vamos encontrá-la de fato em Weber. Cabe identificar seu efeito sobre a pesquisa, mas ele é ainda mais acentuado fora desse terreno. É muito mais genérico, segundo sabemos pela experiência prática de muitas disfunções reiteradas.

As ideias e a imaginação não estariam sendo relegadas até nos partidos políticos? Os partidos enfrentam atualmente essa questão de "não ter mais ideias", mas o fato é que não se pode obrigar alguém a "ter ideias". São necessárias sustentações, articulações, que a formulação de ideias seja estimulada, valorizada — pelo debate, como o senhor lembra ao se referir ao seu encontro com Alfred Sauvy, levando ao surgimento da expressão "Terceiro Mundo". A extrema burocratização dos centros de pesquisa e da universidade representa um obstáculo. Mas também se observa uma espécie de proibição sobrepairando o recurso ao movimento, à novidade e ao inédito no espaço social...

Uma parte da minha vida foi constituída por uma série de riscos assumidos. No mínimo, em meus terrenos iniciais, na ligação com os intelectuais africanos que passaram a promover a independência, a libertação. Eram riscos que se tornavam reais sob a vigilância dos *renseignements généraux*,[1] com a constituição de dossiês e um período de vigilância pessoal. Mas é necessário assumir riscos com o seu tempo, a sua sociedade; caso contrário, vamos enfrentar os problemas do intelectual confinado. O intelectual sem riscos pode ser comparado ao pequeno investidor francês segundo o marxismo (e segundo Lênin), dormindo sobre suas posses, sem coragem de fazer frutificar o que poderia ser valorizado num sistema capitalista. Existe essa certeza deontológica: é necessário estar "estabelecido" na própria disciplina, orientado pelo código de métodos e regras que não podem ser infringidos; uma vez definido o objeto de estudo, passa a ser necessário e suficiente pôr em ação o bom procedimento científico. Mas não é assim que se inova, que se dá origem ao inédito, apenas se confirma.

Isso corresponderia a uma visão redutora da pesquisa, limitada a um trabalho de documentação — na melhor das hipóteses, a uma erudição gratuita?

Não é apenas uma questão de erudição, que tem uma legitimidade em si mesma, mas de aceitação de um duplo

---

[1]. Direction Centrale des Renseignements Généraux, criada em 1911, o serviço de informações do Estado francês. (*N. do T.*)

conformismo. Por um lado, pretende-se produzir pesquisa conforme e, por outro, *expertise* utilizável. Temos, portanto, uma dupla formulação: disponho do método e sou um especialista. E não devo — nem pretendo — ir além do que é determinado pelo método, pelas minhas competências, pela minha especialidade. Limito-me ao meu papel, não quero enveredar por caminhos ainda obscuros. Se aceito uma espécie de errância da curiosidade, posso então navegar pelas redes de informática, deixar-me levar por um momento pelo fluxo de inúmeras informações.

Alguns anos atrás, no cinquentenário dos Cahiers Internationaux de Sociologie, *o senhor havia chamado a atenção para esse aspecto: muitos aspiram à legitimidade sem risco, com a proteção da instituição, preocupados sobretudo com um reconhecimento protegido, para evitar em particular os momentos de não reconhecimento. E o senhor lembrava que a pesquisa é como a prática dos povos da "troca muda": eles vão depositar "coisas" num local e mais tarde retornam...*

...em busca do que foi depositado, em troca do que foi levado. Nas circunstâncias que você menciona, eu tinha proposto essa comparação. O que proporcionamos à sociedade é como no sistema do comércio mudo, no qual alguém deposita num lugar combinado o que considera dever oferecer e o outro vem, toma o que ali está, deposita o que considera que deve ser a compensação, a contrapartida desejada. E cada um utiliza o que recebe de acordo com sua necessidade. Nós, intelectuais, de fato depositamos nossos "produtos" nesses lugares onde são deixados falas, textos, imagens, e outros se apropriam deles, fazendo um uso do qual não temos controle. É assim que são fornecidos os poderes com finalidade de informação e legitimação, as modas com finalidade de novidade reanimada.

Sua reflexão mostra uma espécie de tensão paradoxal entre a condição de intelectual e a condição de pesquisador: não se pode ser um pesquisador no sentido pleno da criatividade, do risco, quando não se é um intelectual. As instituições caminham no sentido da burocratização, da repetição, da reprodução de sistemas de filiação intelectual, mas não no sentido das ideias e problemáticas novas, das rupturas.

10. A máquina de produzir poder: a arrogância e a destruição do calor humano

De que maneira se pode pensar hoje a relação entre poder e civilização? Trata-se de uma questão muito presente em *Le Grand dérangement* [O grande incômodo].

O que me impressionou nas etapas recentes do meu percurso intelectual, e também no meu percurso de vida, através dos meus engajamentos, é o fato de nos encontrarmos num universo capaz — sobretudo no Ocidente técnico — de aplicações técnicas incríveis, capaz de desenvolver continuamente o poderio, sem saber muito bem em que se transformam as relações entre as pessoas e as coletividades — o que antes da atual desconstrução seria chamado de *socialidade* e *sociedade* e que se transforma atualmente num questionamento de toda forma de vínculo social. Que é feito dos significados, dos símbolos e das práticas ritualizados ou prescritos, vale dizer, das relações portadoras de sentido e fundadoras de uma civilização? Uma civilização se constrói sobre essa base, mais do que sobre o poderio decorrente das forças técnicas, econômicas, militares. Por que então as coisas se moveram dessa maneira, na direção do que conduz a uma distorção crítica? Por um lado, um grande e rápido aumento do poderio; por outro, recuos sucessivos no que diz respeito à civilização...

Essa regressão levou a considerar a modernidade exasperada como geradora de uma barbárie "hipertecnicizada". Devemos aqui conjugar vários ataques baseados nas causas. Temos para começar as considerações de ordem propriamente política. Sem chegar a ser "soberanista", como se diz atualmente na França, ou seja, defensor absolutista das nações, acredito que o apagamento das nações representou o desaparecimento dos terrenos, do húmus no qual se havia ancorado a civilização. Uma certa força simbólica, emocional, afetiva, o apego ao político passaram a ser considerados, como diziam os polemistas de direita — entre eles Barrès — "a terra e os mortos". Isso significa um apego forte aos lugares, à genealogia histórica coletiva, mais do que à reivindicação individualista, um apego à herança de civilização que se transmitia de geração em geração. As doenças funestas do nacionalismo mataram o doente, a nação, mas outras circunstâncias contribuíram ainda mais para isso. Constatamos hoje uma dissolução no "global", no interior das configurações de grande alcance que se constituíram na

A MÁQUINA DE PRODUZIR PODER

trilha da globalização. Estamos pensando antes de mais nada na União Europeia, mas também na união de países americanos em torno da América do Norte, na união dos países latino-americanos buscada pelo Mercosul. Assistimos à difusão de uma "geometria" regional constituída pela União Europeia, tendo como ponto central Bruxelas, que levou à modelagem de outros agrupamentos de países.

Os megaconjuntos se constituem por um efeito de globalização generalizada, particularmente através das tecnologias de redes conectadas. Mas são sobretudo os efeitos econômicos e, acima de tudo, os financeiros que devemos levar em consideração em primeiro lugar. Por causa da mutação do capitalismo, sua transformação num capitalismo financeiro, naquilo que ele se tornou atualmente em toda parte, num Ocidente que "iniciou" sua expansão, mas também em países vindos do Terceiro Mundo, nos países emergentes ligados ao "sobremodernismo", ou considerados "em devir". Esse capitalismo financeiro, jogador e especulador, não precisa muito de locais, exceto para conferir ao espaço e à sede das empresas uma imagem valorizada por arquiteturas inéditas, não raro audaciosas e suntuosas. A necessidade é a circulação acelerada do capital, para que possa produzir continuamente mais capital, jogando com as defasagens nas bolsas, com a valorização das empresas internacionais mediante desconstrução das fracas e sua absorção pelas "fortes".
É a "economia de cassino", possibilitada pela crescente rapidez conquistada graças às redes. É a época dos *traders* e dos paraquedas dourados, das concentrações de

capital, de uma espécie de *neofeudalismo financeiro* sem a atribuição de feudos, mas ameaçado de ruína por seus excessos. O funcionamento de todos esses movimentos e sua dinâmica contínua e acelerada arrancam as pessoas de hoje ao que era ontem sua relação com territórios, lugares, no sentido antropológico do vocábulo: esse afastamento afeta também os significados ligados à história nacional e transmitidos até então.

As técnicas do imediato, do imaterial, a informática e a digitalização do mundo mudam radicalmente o tempo da decisão e da ação, especialmente no que diz respeito às operações econômicas e financeiras efetuadas em períodos de tempo extremamente reduzidos, quase nulos. A expressão "tempo real" da linguagem informática revela em que medida a realidade temporal é a realidade do tempo compreendido no momento e sem duração, do quase imediato. Com isso, é enfraquecida a percepção do tempo longo, do tempo da história, perdemos quase com a mesma rapidez a referência ao lugar. Pertencemos a configurações que são pouco definidas, no sentido das condições necessárias à relação política plenamente vivenciada. Grandes conjuntos como a União Europeia não são identificados com clareza, de tal maneira que se torna necessário repetir, corrigir, multiplicar as especificações para tentar chegar a um mapa aparentemente aceitável para todos os envolvidos. São dispositivos de governança, por esse motivo emitindo diretivas não raro geradoras de desconfiança, cuja tradução financeira — o euro — é um sinal de sucesso.

A MÁQUINA DE PRODUZIR PODER

Eu também chamaria a atenção para o poder funesto, trágico, baseado na ideologia e no governo totalitários, no imperialismo totalitário. Foi a época ao mesmo tempo mais a-humana de todos os períodos históricos modernos e, no entanto, aquela em que o poderio e o significado foram totalmente vinculados — esse último, subordinado, baseando aquele nos símbolos, nos ritos disciplinares, na mobilização emocional. Tivemos assim o poder a qualquer preço, aniquilando o que não está de acordo com ele, a serviço de um significado impiedosamente exclusivo, decidido e "legitimado" de uma vez por todas, seja o de uma felicidade a ser compartilhada num futuro radioso, o futuro da União Soviética, tal como celebrado na década de 1930, ou então pela unificação política sob uma hegemonia violenta, decretada "pura", e de um poder total, desejado pelo nazismo: o "Reich de mil anos". Esse casamento anti-humano, ao mesmo tempo trágico, nos deixa sem palavras para identificar uma tal aliança monstruosa do poderio com os significados, ou seja, uma falsa civilização, na qual o homem se torna instrumento descartável de uma potência legitimada exclusivamente por ela própria. Os soviéticos afirmavam estar preparando o "homem novo", Castro também o disse e inventou o totalitarismo tropical. Os nazistas também afirmavam estar promovendo o advento de um homem novo pela purificação étnica, a seleção biológica, pela prática do eugenismo como modo de seleção de um único povo. São as grandes catástrofes do século XX, decorrentes da união de um poder total com uma "civilização" submetida até a negação sacrificial de quem realmente civiliza. Isso continua sendo nos dias de hoje uma arma, num momento em que o poderio aumenta no mundo e as civilizações se debilitam...

Tampouco estamos na situação que eu descrevia ao mencionar Barrès. Nessa época, a nação e a história nacional compunham o húmus em que se enraizavam os significados unificadores. Mediante configurações nas quais as nações estariam harmonizadas, poderia impor-se uma civilização mais ampla. Quando dizemos "civilização", no Ocidente europeu, pensamos na civilização sobre a base das unificações políticas, tal como se concretizaram através dos impérios, dos reinos, das repúblicas. Pensamos também na parte da unificação civilizadora que tem a ver com a Igreja. É bem verdade que uma nova civilização ocidental é anunciada num momento preciso da história do cristianismo, no momento da conversão de Clovis, ao que se diz, e, portanto, da fundação de uma realeza nova reconhecida pelo imperador do Oriente. Dois elementos se conjugam: a unificação sobre a base do político, a unificação sobre a base da crença que se impõe a todos, a adesão ao cristianismo da autoridade, antes que os cismas viessem fissurá-lo. Sobre essas duas bases é que se constituiu uma civilização reconhecida por ter conferido progressivamente identidade ao Ocidente europeu. Ao reencontrarmos a perspectiva da história literária, remontamos até as canções de gesta e as tradições orais que contam as gêneses, desembocando em seguida nas grandes literaturas que representam etapas libertadoras das forças de ligação estabelecidas na Europa.

A MÁQUINA DE PRODUZIR PODER

Esse passado, essa sucessão de períodos históricos pouco tem a ver com a União Europeia, tal como se procura construí-la hoje, pois essa união do político com o religioso, inscrita na história europeia e depois também na ocidental, gerou conjuntos atualmente dissolvidos ou distendidos. O que tomou seu lugar tem mais a ver com considerações unicamente econòmicas, tecnofinanceiras, do que com considerações políticas vinculadas aos grandes sistemas de significados transmitidos pela história. Acredito que também se tornou aplicável aos antigos países da União Soviética ligados à Rússia atual. Eles entram num jogo de batalha das memórias coletivas e de relações de poder com Moscou; mais ainda, em confrontos de interesses que os ligam ainda mais do que a vinculação política central, que já não tem a mesma força da época do comunismo stalinista. É a impressão que tenho, observando de fora. Não digo a certeza, não nego tampouco a nostalgia do sovietismo como crença social. Aqui então, no ocidente da Europa, constatamos igualmente a dissolução das grandes configurações elaboradas e portadas pela história. A União "Europeia" não é a Europa histórica, que tinha uma certa extensão em virtude de sua irradiação. Em São Petersburgo, até a Primeira Guerra Mundial, os filhos da aristocracia eram criados por babás francesas, os aristocratas falavam francês, ainda havia a lembrança de que os filósofos tinham estado presentes na época de Catarina II — Voltaire por correspondência e Diderot pessoalmente, a convite da imperatriz. Essas coisas do passado estão quase apagadas e a nostalgia assume as formas do identitário e do ensimesmamento que aparenta aproximar.

O que nos "aproxima" atualmente, por outros caminhos? O tecido de redes que contribui para a globalização — derivada das novas tecnologias — e as reações frente ao aumento de poder, e também frente à nova e crescente vontade de poder surgida dos mundos de outras partes, principalmente asiáticos. O poderio, mais do que a expansão civilizadora, eis o novo grande risco. As mutações do poderio revelam-se pelo que denominei de expansão dos "novos novos mundos", ou seja, desses universos em que novas formas de poderio são estabelecidas e liberam outros poderes. Trata-se então do poderio pelo trabalho com a vida, pela tecnobiologia, fonte de um "biopoder" que era pressentido por Michel Foucault. O poderio pelo controle dos sistemas e das redes, quando se trata de informática, e do poder especializado que daí resulta. O poderio pelo controle do imaginário e da imagem, quando se trata dos meios de comunicação e da expansão virtual, e depois do mundo duplicado gerado pela digitalização do real.

Defrontamo-nos assim com novas bases do poderio, o que transparece claramente em certos debates atuais. Como se diz, os "midiacratas" comem os políticos, enquanto a definição biológica da sociedade ameaça. A sociobiologia e o político-biológico ressurgem, e seus argumentos são instrumentalizados, recorre-se a meios biológicos, seja de informação sobre as pessoas, seja de controle das pessoas e coletividades. Temos aí uma fonte nova de poderio que se escancarou, como já era o caso

A MÁQUINA DE PRODUZIR PODER

com o controle informatizado e o controle midiatizado. A respeito desses três universos principais é que assistimos atualmente a um debate e a vivas reações de defesa, uma necessidade de afrouxar os controles e recuperar maior autonomia individual, liberdade de ser.

Será então que a civilização está regredindo? Sob efeitos aparentemente contrários, ela regride de fato, por inércia e anemia. Os avanços através dos meios técnicos e do concurso dos sistemas, os avanços inusitados alcançados por esses meios não significam que a civilização progride no mesmo passo, que ela "segue" ou acompanha. Se fosse assim, os contemporâneos desenvolveriam, paralelamente ao poderio, sua capacidade de produzir simbolismo, significados e valores vivos, aspectos e formas de sensibilidade que possibilitariam uma vivência conjunta e, ao mesmo tempo, um distanciamento das relações de força e poderio; mais precisamente, um distanciamento dos mimetismos que alimentam a concorrência exclusivamente pelo sucesso, pelo resultado imediato e pela exposição à "visibilidade", para encontrar outras formas e expressões da concorrência-rivalidade.

O senhor enfatiza que poderio e civilização nem sempre vão lado a lado.

Devemos relatar os desvinculamentos das manifestações do individualismo contemporâneo. Nessa sociedade em que se dissolveram tantas coletividades, em que os outros são postos à prova e ameaçados em sua sustentação, nesse universo no qual a demanda do vínculo social continua sendo uma das reivindicações mais batidas, os indivíduos tornam-se semelhantes às valências livres da química de outros tempos. Eles estão em busca de "ligações". Estamos tratando com indivíduos dissociados uns dos outros, egocentrados. Não podemos usar o neologismo *des-ligado*, mas talvez devêssemos, se duvidarmos que a inflação de ligações por redes e máquinas de comunicação seja suficiente para dar corpo à sociedade, dar força às relações entre as pessoas.

Devemos entender a natureza desse individualismo, pois nele se encontra o que está em jogo no confronto entre poderio e civilização. É a passagem, a garganta estreita. Esse individualismo saiu das desconstruções, das atuais situações instáveis, muito mais do que de escolhas claramente definidas e assumidas. O século XVIII, século do Iluminismo, e o século XIX, século do romantismo, foram apresentados como os períodos de surgimento e afirmação do indivíduo. Ele se torna menos heteronômico, menos dependente das potências, reivindica e afirma seu direito de existir segundo sua própria definição, suas emoções e suas paixões. Mas não nos encontramos mais nesse ponto. Não somos indivíduos assumindo claramente sua liberdade, mas antes indivíduos dispersos por falta de vínculo com coletividades concretas, com uma sociedade feita de homens imediatamente concretos. Somos indivíduos sem ter feito a escolha da individualidade diferenciadora e nossos encontros tornam-se cada vez mais "maquinais". Se existe uma possibilidade de relação

A MÁQUINA DE PRODUZIR PODER

nova entre poderio e civilização, é necessário que ela passe pelo indivíduo. É preciso que o indivíduo sinta-se detentor de parte do controle do poderio, responsável em relação com outros indivíduos, presentes "em corpo", e não pela mediação dominante dos sistemas. Com toda evidência, o indivíduo não pode se assumir em relação a uma "potência" que o mantivesse de fora, o esmagasse ou submetesse. E por sinal é possível recorrer a outras palavras para designar esse modo de relação. Seria necessário, portanto, que o indivíduo pudesse, por outros meios, afirmar-se num individualismo escolhido, desejado e *construído*, apropriado à urgência de conter o poderio pela civilização ativa. Mas como encontrá-lo num período de "desforçamento político", de generalizada laicização e mesmo, tenho insistido nisso, de agnosticismo difuso? Parece de fato que nos tornamos agnósticos não só no campo das crenças, em relação a uma religião, mas em todas as manifestações da vida. Uma espécie de agnosticismo, de dúvida generalizada, se preferirem, afeta a experiência vivida de muitos contemporâneos.

Essa defasagem acentuada entre poderio e civilização não abre caminho para a barbárie? O senhor acha que esse tipo de poderio que vem fundir-se em "novos novos mundos" saiu de objetivos — compreendendo códigos, valores — inteiramente tecnicistas?

A palavra "barbárie" tem sido objeto da análise de Bernard--Henri Lévy. Ela está entre nós, a barbárie, mas mascarada pela lógica tecnicista, pela lógica do resultado imediato. Praticamente a mesma coisa é evocada pela "desilusão do mundo"; essa expressão frisa a perda do engajamento pessoal pela crença, a fé, os grandes sistemas de significado e as "grandes narrativas", pondo em jogo a relação com uma transcendência, com a eternidade, com a fuga para fora do tempo do acontecimento. Tudo isso é deslocado, desconstruído, constantemente posto e reposto "em obras".

Isso acarreta uma permanente renovação das demandas e expectativas. Quando voltamos a atenção para as novas formas de religiosidade, constatamos com toda evidência a busca de uma relação transcendente, que não se situa necessariamente na filiação das religiões estabelecidas — no caso, da religião cristã prevalecente na França. Quando é solicitado o restabelecimento de uma transcendência moral cívica pela força de valores reanimados e que são verdadeiramente eficazes, *imperativos*, e não mantidos por hábito e indiferença, a solicitação vai no mesmo sentido. Os valores recebidos, herdados, sempre surgem mais como valores cansados, apagados, que perderam a força vital. Gosto da palavra *enfraquecido*, apesar de pouco correta do ponto de vista da língua: os valores sobre os quais continuamos vivendo são valores enfraquecidos. Tiveram um primeiro papel, irrigaram períodos históricos, moldaram figuras da civilização, mas hoje muitos deles não se adaptam bem aos "novos novos mundos" que se fazem, às novas formas de individualismo. Mas ainda assim continua de pé essa dupla demanda: por nostalgia de valores fortes e diretores — não demora e teremos a volta do "imperativo categórico"! —, por busca de motivos de acreditar, de transfigurar a perda sofrida na falta ou no fracasso, assim como na pobreza da corrida ao sucesso trivializado.

Isso explicaria que essa atração do religioso assuma a forma de fundamentalismos?

Quando essa atração ressurge, pode acarretar a volta passional para o tempo das origens, para o começo da tradição, o retorno tornando-se então mais "integrista" do que pela tradição atualizada transmitida até agora. Trata-se de uma retomada do fundamental disciplinar. Desse modo, ele pode gerar a proliferação de religiosidades, de seitas, de movimentos místicos modernistas. Abriu-se um mercado livre da crença. Pretende-se fazer aí o comércio da própria crença, encher a bolsa para apaziguar a alma ou aguerri-la ao voltar para casa. Trata-se também de uma busca de compreensão e orientação num mundo em contínuo devir, no qual nos sentimos quase estranhos — ou pelo menos desorientados e desenraizados.

Estaríamos assistindo então a uma volta aos fundamentos simbólicos das tradições, para fazer frente ao poderio e à globalização?

O confronto com o déficit de civilização, num momento em que se verifica um desenvolvimento ilimitado do poderio, se expressa até a vertigem na construção de torres urbanas realmente inusitadas. É a desconstrução, a ruptura, a *defasagem crescente* entre o que aumenta em poderio e o que tenta se afirmar como capacidade de viver junto com o concurso de significados, signos, afetos vivos e compartilhados. É o maior bem-estar pelos progressos, o mal-estar pelo desenraizamento e a falta e, sobretudo, e ainda por algum tempo, o mal do Ocidente. Avaliando como antropólogo, como aliado do Terceiro Mundo, as situações se revelam diferentes através do trabalho da história e das reações em face do exterior. Seria necessário descrever um outro quadro, embora a colonização, ontem, e a globalização, hoje, "liguem" da mesma forma o além-Ocidente e o Ocidente. As variações na dissimetria das relações estabelecidas indicam as variações nas relações de poderio e dependência. Indicam também, além disso, outras dissociações portadoras de riscos reais, em particular a que apaga a identidade cidadã com a identidade-fechamento do comunitarismo.

Nesse processo de globalização, essa defasagem que toma conta da Ásia, das Américas e, sobretudo, da América Latina faz parte da geopolítica internacional.

Sim, mas com algo a mais. Existe isso e também o recurso a uma lógica forte, específica de toda crença, para afirmar a diferença e manter a personalidade da civilização própria, que não seja "retificada", adaptada aos padrões da civilização do Ocidente. Existe essa ideia de que é necessário ao mesmo tempo jogar com a modernidade pelo poderio que ela encerra e pelo que ela proporciona: a reconfiguração dos costumes, o estilo e os meios de consumo que dependem do crescimento tecnoeconômico; mas ao mesmo tempo o esquivar-se do grande risco de ser uma reprodução, uma cópia fraca das potências estabelecidas que dispõem da supremacia real. Voltamos a encontrar aqui uma reação que me havia chamado a atenção nos países colonizados durante a última etapa da colonização: a formação de uma configuração complexa constituída por um lado de anticolonialismo, de exigência de libertação, de liberdade, de exigência de ser autêntico, e a demanda por dignidade, acima de tudo. Em outras palavras, o que estava em jogo era de fato — e continua sendo — a capacidade de não se transformar, para ser moderno, na cópia colorida do que estabeleceu o poderio em branco. Libertadores como Senghor, Césaire, Diop, Ki-Zerbo e outros produziram esse tipo de reação. Isso quer dizer que a ideia de uma civilização sobremoderna universal, e portanto unificada e compartilhada com variantes entre 6 bilhões de seres humanos atualmente, 9 bilhões daqui a pouco, parece evocar o "projeto" de Kant para o estabelecimento de uma paz perpétua por encadeamento das paixões e dos interesses pessoais. A credibilidade é reduzida, contrária à lógica atual das coisas, à maneira como os homens conduzem seus vínculos e defendem seus interesses. Os homens não aspiram a ser 6 ou 9 bilhões de idênticos. Querem estar juntos com suas diferenças adaptadas ao movimento do conjunto. E essas diferenças dinamizadas continuam sendo o alicerce das civilizações, a fonte dos traços de civilização que trazemos em nós, pelos quais somos moldados. Hoje, o universal é menos visto como o estado pelo qual a humanidade foi possível do que como a produção contínua do que liga e valoriza na diferença. Trata-se efetivamente de uma tensão contínua para a realização do "universal-mundo", por assim dizer, do qual a atual globalização ainda não é propriamente o esboço. O universal nunca está garantido, ele é o objetivo de uma produção contínua, sem fim datado — uma exigência.

Será essa pressão do poderio que impede a oposição ao movimento que entrava os processos de diferenciação entre os indivíduos? Nessas defasagens é que poderíamos compreender o aumento da violência e da crueldade.

O discurso sobre a violência tem uma longa história. Seria necessário retomá-lo diversificando suas fontes para melhor atualizá-lo. O que me impressionou nos terrenos da antropologia é que a violência foi codificada, tratada como uma linguagem com a qual cada coletividade e cada um se constroem frente ao perigo que vem de fora, do exterior inimigo, que precisa ser contido, pois pode nos expulsar de nosso próprio espaço e de nossa liberdade. Voltamos a cair, assim, num antigo tema antropológico habilmente retomado por René Girard. Eu diria que a violência, no que diz respeito ao social e seus significados, às culturas e civilizações, surge como uma energia bruta, "selvagem", que não teria sido domesticada para agir positivamente — uma energia capaz

A MÁQUINA DE PRODUZIR PODER

de ser produtiva, de conferir meios de ação sobre a matéria, sobre as coisas e também sobre as construções do social, das relações entre as pessoas. A violência é no início uma poderosa força totalmente livre, que não foi "trabalhada". Pode ser comparada às impressionantes quedas-d'água do Brasil, antes de serem domesticadas para as centrais elétricas. A violência é essa energia que se forma a partir do momento em que os homens se reúnem, se aglutinam, se confrontam. Para que haja uma sociedade, é necessário que haja uma cultura e, além disso, uma civilização. É preciso, portanto, domesticar essa energia: é um trabalho sem fim. A violência deve ser continuamente mantida sob rédeas. Quando os mecanismos que permitem domesticá-la, torná-la civilizadora mais do que devastadora, destruidora; quando esses mecanismos são degradados, a violência liberada volta a seu estado natural, que é um estado de agressão geral cujo sentido só ela controla. É necessário então suportá-la. O *grau de violência livre* de uma sociedade depende do grau de des-civilização, de fracasso do sentido, dos significados e mecanismos de relação. O poderio se desenvolve, mas na ausência dos meios de domesticação e contenção da violência, essa retorna ao "estado selvagem". É importante insistir nessa regressão sempre possível, nessa violência que continua no cerne das sociedades e civilizações como o mal no coração dos homens, rebelde ao tratamento meramente repressor de suas expressões.

Poderíamos dizer que essa violência está ligada à des-simbolização?

Em grande medida, sim, pois a simbolização, o sagrado e o rito são técnicas muito antigas e ainda atuais de domesticação da violência, e isso no bom sentido do vocábulo, que não é submeter um animal doméstico humano, mas tornar um ser adequado para o serviço da casa, do *domus* e daqueles conectados por esse vínculo. Veja-se onde estão os espaços de "livre violência" neste mundo. Eles estão onde existe ataque à dignidade humana, aos valores compartilhados, aos significados assumidos, onde tudo está entregue ao esmorecimento: perda do simbólico, perda da capacidade de adesão, do que estabelece o vínculo, pelo consentimento com esse vínculo. Existem os vínculos suportados e aqueles pelos quais se alimenta uma grande apetência, um desejo continuamente renovado. Os primeiros são ao mesmo tempo aqueles dos quais nascem os entraves à liberdade e as ofensas à dignidade.

Em muitas ocasiões na história buscou-se criar um "homem novo": do que estamos tentando nos livrar com isso?

Julgo necessário voltar a essa ideia de que todas as sociedades e civilizações são realizações imperfeitas, de que existe em todas uma tensão para menos imperfeição, em direção ao melhor estado possível. As sociedades consideradas pela antropologia clássica, que tendiam a ser mais vistas como sociedades da repetição, da satisfação pelo mesmo, não escapam a esse modo de ser do social. É a forma de "superação" que difere, sendo esperada de uma melhor relação com as potências transcendentes (do sagrado) e de uma relação mais fecunda com as potências da natureza (da generosa benevolência da natureza). A ideia de homem novo assinala o advento daquele através do qual e no qual se efetuaria a "superação" do que é, pelo qual se realizaria um mundo social mais justo, mais humano. De acordo com a "promessa" do stalinismo, o homem novo é aquele que contribui para construir o universo esplêndido em que o comunismo será compartilhado, podendo ser aproveitado e aceito por todos. Seria necessário retomar numa perspectiva crítica a genealogia do homem novo, dos avatares daquele que afirma cumprir a "promessa" realizando-o.

Nos momentos de crise e descontinuidade histórica, não assistiríamos sempre ao surgimento de um discurso sobre o homem novo?

Sim, o homem novo surge, se apaga e depois reaparece na história. Não tem fim. Entre os romanos do fim do Império, será que o homem novo é engendrado pelo cristianismo? Provavelmente. São as mesmas tensões, os mesmos fracassos também, que vamos encontrar quando se tentou fazer surgir o homem novo da modernidade disciplinada, na era clássica, e depois através das revoluções europeias do século XIX. O homem novo nasce no parto da história, na dor, com a expectativa de gerar o advento de uma perfeição crescente e menos iniquidade. Existe o homem novo segundo as convicções políticas e o homem novo segundo as crenças reanimadas, aquele que Durkheim parece ter anunciado ao frisar a criatividade da "efervescência" social quando tratou das "formas elementares da vida religiosa".

Se fizermos o caminho inverso desse percurso, vamos descobrir o homem novo da Idade Média, que se encontra na articulação da fé com o político e que muda a paisagem social pela cidade e a economia financeira. Mas o fato novo é, sobretudo, a organização reanimada do poderio político da Igreja e a redefinição sacral do poder político. O homem novo do Renascimento passa a ser aquele que se liberta: para começar, politicamente, pois o príncipe gere o domínio político com mais autonomia intelectual e cinismo oportuno (é o efeito Maquiavel). O político quer ser por e para ele próprio, e não uma manifestação de Deus na Terra ou um construtor vinculado à realização de um grande projeto cuja transmissão será assegurada pelo mito. O Renascimento é também (sobretudo?) o homem novo que, através das cidades, se torna arquiteto por conta própria e senhor das artes, que materializa os deslocamentos de significado, que os organiza em relação com a vontade de grandeza dos políticos. Desse modo, a estetização suntuosa do campo político é Florença e os Médici.

Decididamente, seria necessário produzir uma genealogia do homem novo, a história das "figuras" que o encarnam. No século XVIII, ele seria aquele engendrado pela própria obra do Iluminismo, aquele que o vive e difunde. Desvincula-se da transcendência e acede a uma liberdade

A MÁQUINA DE PRODUZIR PODER

cada vez menos limitada, construindo sua autonomia e se apoderando da história. Depois seria o homem de Claude-Henri de Saint-Simon, cuja figura principal é encarnada pelo industrial. O saint-simonismo é o técnico e o industrial reunidos, a administração racional das coisas substituindo a política que governa os homens. Hoje o homem que saiu da hipermodernidade ainda não está muito definido. Várias versões foram propostas, sem que se chegasse realmente a apreendê-lo. Ora ele é o homem que se define pelo narcisismo e os meios de comunicação, ora o produto da abstração e da digitalização do real, até se identificar com sua própria virtualização. Falou-se de sociedades abstratas, depois de sociedades do risco, porque a ascensão é também a dos riscos que se tornaram importantes por sua intensidade e seu número. Mas o homem novo, então, será antes, talvez, aquele que designei como o "homem fabricado", que conjuga o biológico, o técnico, dispositivos informatizados — um "produto" que é um resumo dos incríveis avanços do poder-fazer, mais do que a realização de um projeto de civilização do qual ele seria a figura.

Não seria o homem sem valores? Estaríamos nos encaminhando para um mundo sem valores?

Mencionei antes minha relação com Gaston Berger e o seu Centro de Estudos Prospectivos. A década de 1960 se distingue por um apego à prospectiva. Tentava-se identificar as tendências dominantes numa situação histórica bem definida, construir hipóteses a partir dessas tendências, para depois fazer as escolhas que orientam a decisão. Percebeu-se depois que se tornara uma ilusão num mundo cada vez mais dependente da teoria do caos e se abandonou esse método de projeção por probabilidade no futuro — ou melhor, no futuro imediato. Mas a prospectiva está voltando, nas empresas e em outras grandes organizações: com a ajuda de sistemas instrumentais superiores, buscam--se hipóteses novas a serem desenvolvidas. Acontece que essas hipóteses não são construídas para ser guias da "boa" mudança, do "bom" governo. São, em sua maioria, hipóteses do aumento do poderio, do desenvolvimento do crescimento, hipóteses da concorrência numérica. Tudo é numerado; trata-se, sobretudo, de hipóteses de calculadores, e não de hipóteses de exploradores dos "novos novos mundos" em expansão. E entre essas hipóteses encontra-se aquela que você acaba de mencionar, a mais pessimista, ou seja, a possibilidade de permitir que o universo humano se dissolva num mundo em que os significados se apagam, em que os meios de vinculação e coesão social, os símbolos geradores de configurações culturais não mais existem com força suficiente. Restariam apenas, então, jogos de poder desprovidos de sentido, uma regressão relacionada à elevação contínua do poder-fazer.

 A regressão é pior do que o declínio, movimento ainda possível de retardar; a regressão é uma queda em que tudo se desfaz, que condena *in fine* ao informe. Eis a opção desastrosa que não podemos naturalmente subscrever; caso contrário, seria necessário perguntar com urgência em que nos transformamos. A ideia de uma possível barbárie equipada dos meios mais sofisticados que a técnica proporciona é o reino de Terminator, o advento das figuras devastadoras derivadas da ficção científica, criaturas nascidas das ficções negativas: aquelas em que a técnica se realiza de maneira antropomórfica e que, através de suas criaturas, se torna capaz de destruir o humano, de se voltar contra o criador humano. É a grande multiplicação do falso duplo humano, imaginado por Frankenstein segundo Mary Shelley, como se os "novos novos mundos" engendrassem uma infinidade de Frankensteins, sem que nos déssemos conta e apesar do mesmo resultado. Existe uma versão filmada, creio que inglesa, de uma última aventura do herói de Frankenstein. Na última sequência, o duplo "maquinal", querendo tornar-se plenamente humano por amor, se perde num universo gelado, onde só resta o frio, esse agente da morte. Não existe mais o calor da história, o calor dos homens juntos, resta apenas esse frio no qual o monstro sem amor realizável vai-se dissolver. Podemos imaginar conclusões nesse modo; é fantasmagórico, excessivo, mas, como se costuma dizer, "sempre pode piorar".

Esses "novos novos mundos" seriam forjados segundo o modelo dos super-homens de Nietzsche?

Sim, mas com a diferença de que Nietzsche se dirigia a "ainda humanos", e mesmo a "excessivamente humanos". Se buscássemos correções possíveis, proteções possíveis, eu incluiria entre elas a apologia ativa da medida, da moderação, do limite, pois o poderio é, em primeira e última instância, uma manifestação arrogante. A modéstia, no sentido elevado e não limitador da palavra, é a busca contínua e mútua do vínculo de sentido e reconhecimento ativo estabelecido com os outros. É a aceitação de significados compartilhados, que, portanto, não produzimos apenas para nossa própria vantagem, para armar nosso próprio poderio, nossa própria capacidade de dominação. Um dos corretivos do poderio seria dar surgimento a universos sociais e culturais nos quais a arrogância efetuada pela história seria "domesticada", orientada para se apagar por progressão do desinteresse. Estaríamos no sentido inverso da genealogia do homem novo, como também daquela de que nasce o conquistador sobremoderno.

A medida de fato garante a ausência de autossuficiência, constitui o freio, a barreira, o limite para o que é todo-poderoso. Não poderíamos falar igualmente de humildade e incompletude, e mesmo de uma qualidade como a autozombaria, que pressupõe um olhar crítico de si mesmo? O humor não limita o narcisismo, não desmonta o que há de mais temível no individualismo, vale dizer, a arrogância mortífera?

O poderio, com toda a evidência, não é a soma das contribuições de poderio efetuadas por cada um dos indivíduos, mas algo diferente: configurações que são produzidas e depois sobressaem e se impõem, no interior das quais o indivíduo que delas depende se vira mais ou menos como pode. Ele tem suas proteções pessoais, pode jogar com o humor, meio de defesa individual, maneira de não levar as coisas muito a sério: nem o que se faz nem o que se julga ter compreendido. Talvez possa inclusive ser considerado, juntamente com a ironia, a proteção mais eficaz, o inverso do orgulho do resultado, do que é o motor daqueles que chamei, num outro livro, de *afirmativos*.

Por isso é que a cultura do resultado é uma exigência perniciosa para a sociedade, ao contrário da confiança nos indivíduos. O senhor frisou que seria interessante voltar ao indivíduo para entender a necessidade fundamental de calor humano. Mas a arrogância continua sendo uma fonte considerável de destruição... sem falar que existem culturas da arrogância — individualistas ou não —, ao passo que em outras sociedades os indivíduos cultivam o humor.

A arrogância é um fogo que queima, o inverso do calor que reúne os homens. Ela consome as possibilidades de existir, no sentido de "consumação" empregado por Georges Bataille, esse elemento de destruição que toda sociedade contém. Muitas culturas ainda são culturas da honra, que não funcionam no sentido da arrogância ponderada, da modéstia clarividente, que ambas não ligam por um código estrito a ser respeitado nem por um corpo de certezas incontestáveis. Foi sobretudo às sociedades mediterrâneas que os antropólogos vincularam seu exame da honra, das obrigações que ela determina.

As culturas da honra são culturas do coletivo, nas quais encontramos muitas desigualdades entre os homens, e também entre os homens e as mulheres.

A honra é um valor indissociável da hierarquia, da diferença que separa, da coerção de caráter desigual que daí resulta. Você tem razão nesse ponto: as regras, regendo as relações estabelecidas com base na honra, instrumentalizam a mulher, joguete delas. É através dela que se manifestam muitas condutas conformes à honra, ou, em sentido inverso, condutas geradoras de desonra. De maneira mais geral, contudo, numa primeira etapa a honra reforça, proporciona uma espécie de armadura à sociedade — às sociedades militares e aristocráticas, para começar — até o momento em que essa armadura se quebra, acarretando o desaparecimento violento de um "antigo regime". Estamos agora num universo social fluido. Nosso mundo não se fixa em parte alguma, não se prende, mas põe em movimento acelerado as desigualdades, o que é, sobretudo, um efeito da fluidez contínua do capitalismo financeiro.

Poderíamos mencionar aqui a imagem das guerras pela água na África do Norte: há os que controlam o

A MÁQUINA DE PRODUZIR PODER

circuito principal da água para irrigar suas culturas e os que esperam ser autorizados a dispor de uma repartição derivada. O "fontanário" reparte de acordo com regras que constituem relações de força. O fluxo, a circulação do capital financeiro que se alimenta de sua permanente mobilidade, leva a uma constatação equivalente. Alguns dispõem de comportas que funcionam melhor do que as outras e que fertilizam a desigualdade. Pertencemos também a uma cultura mais "líquida" e a civilização está constantemente em busca do que vai fazer sentido, do que vai produzir as condições para o desenvolvimento de um "vínculo" durável, e não apenas de um consumo incessante do inédito, de uma bulimia nunca satisfeita do novo.

Nossa cultura é não apenas fluida, mas também narcísica. E é essa dimensão narcísica que torna problemático o desenvolvimento do individualismo.

Essa cultura é narcísica porque os contemporâneos dispõem de meios crescentes de poderio. Narciso se contempla na fonte, ama sua imagem e morre por não ser capaz de apreendê-la. O Narciso moderno contempla os próprios músculos, sua força, detém-se pouco na contemplação da beleza, da graça, ele quer dominar. A graça está do lado da civilização; a força, do lado do poderio. Christopher Lasch, teórico da cultura do narcisismo, comentou o que acabamos de lembrar: a exibição da própria imagem e a arrogância, o aumento do poderio, o sentimento de superioridade e ao mesmo tempo — o que é paradoxal — uma reticência inquieta que manifesta e busca tratar o mal-estar numa sociedade dita banalmente "pós-industrial".

A cultura do narcisismo reflete a fragilidade dos indivíduos e dos vínculos sociais; será que ela não explica igualmente que o corpo tenha adquirido tal importância para o sujeito contemporâneo?

Não dispomos mais das chaves dos sistemas de compreensão necessários. Dispomos de numerosos algoritmos, mas não tanto de chaves de interpretação. Algoritmos, vale dizer, guias operatórios que especificam como utilizar a máquina, o dispositivo inteligente com eficácia. Naturalmente, não podemos ter o que seria seu equivalente a propósito dos significados, dos simbolismos, dos esquemas de civilização. A técnica é cada vez mais integrada, associada aos laboratórios, às fábricas, às redes de difusão. Quanto aos significados, o político não os assume mais como outrora; as igrejas, a escola e os outros sistemas educativos de transmissão, tampouco. A fluidez obriga a inventar permanentemente sentido, vínculo, motivos para continuar juntos. E chegamos a esse paradoxo, de que o trabalho com o corpo é um poderoso fator mercante, ao passo que a copresença maciça dos corpos torna-se mais problemática, como se a sociedade se reanimalizasse pelo número, pela multidão, pelas massas.

A MÁQUINA DE PRODUZIR PODER

Estaríamos em constante posição de recriação?

Muito mais, estamos em posição ativada de criação contínua. Não recriamos mais porque falta a duração. Há pouco tempo, eu trabalhava na conclusão de um outro livro e encontrei entre minhas anotações de pesquisa algumas declarações de campanha do atual presidente francês.[1] O que ele afirma, com uma vontade de "ruptura" firmemente evocada, é a necessidade de uma desconstrução liberando um movimento de transformação contínua. Ele trata da autoridade, da moral, da escola, do reconhecimento da diversidade etc. É o que fez dele, como se tem dito e repetido, o "animal político" de uma nova geração. Ele tem um alto grau de sensibilidade para o que não é mais possível. Os indivíduos são defrontados com uma desintegração permanente, uma sucessão de desconstruções/reconstruções, atirados no campo dos problemas evocados há pouco. Seria necessária igualmente a experiência do clínico para tratá-los. Nessa instabilidade crescente do mundo, que diz a criatura que sofre? Marx falava da religião como um sistema de consolação, de apaziguamento...

No "novo novo mundo" existe dor, mais do que sofrimento. Não se pode transformar facilmente a dor em sofrimento e é por isso que os indivíduos se fecham em doenças corporais. Estaria aí uma das principais origens do mal-estar de hoje? Isso também deveria nos incentivar a questionar sobre a memória.

---

1. Nicolas Sarkozy, presidente da França entre 2007 e 2012. (N. do E.)

O DESENRAIZAMENTO CONTEMPORÂNEO

O imemorial é a possibilidade de esquecer a história. Na sociedade sobremoderna, os historiadores se empenham em recensear e valorizar os lugares de memória. Têm sucesso apenas limitado, pois já se trata de lugares de museologia para muitos jovens contemporâneos. Não seria inteiramente exato dizer que vivemos num mundo em que a memória, a relação com o passado e os significados herdados, com o que é transmitido, ainda conservam sua importância e um mesmo caráter de necessidade para os contemporâneos. Eles dão importância contínua, sobretudo — nesse caso por necessidade —, a uma *sucessão de imediatos*; são essas sucessões que compõem seu percurso de vida. Precisam atender continuamente a uma série de problemas imediatos, problemas cuja instabilidade, precariedade e risco de inconstância por incerteza das situações e dos sentimentos alimentam o cotidiano. Essas questões se colocam com acuidade, num momento em que tudo tende a se transformar em "máquinas" de fabricar o imediato. A essa prevalência do imediato contra a temporalidade longa, e também contra a duração concreta, caberia vincular — outro debate — o que poderia ser identificado como apagamento da morte, esse grande referencial de todas as civilizações.

Quando "circulamos" na qualidade de antropólogo em civilizações muito diferentes, descobrimos que as diferenças que se impõem em caráter imediato são geradas pelas figuras do poder e pelas representações e pelos tratamentos da morte. É mais ou menos como se todos os significados tivessem por alicerce uma ordem da morte

A MÁQUINA DE PRODUZIR PODER

que informa a ordem da vida. Ora, na sobremodernidade a morte é escamoteada. Nas grandes cidades da Europa, praticamente não se observam mais obrigações cerimoniais aparentes: o cortejo fúnebre, os panos de luto no prédio, as grandes solenidades litúrgicas etc. Tampouco estamos mais na época em que, segundo a lenda, Mozart morria acompanhado apenas de um cão que seguia o carro fúnebre dos pobres. Na época, é a grande pobreza que escamoteia a morte. Em compensação, na sociedade sobremoderna, o "novo mundo da vida" dá a entender que a a-mortalidade pode ser conquistada pelos progressos que estão por vir. É aí que se situa a esperança, e não mais na imortalidade, questão de mitos e deuses de outros lugares e de outras épocas. Trata-se de um desaparecimento, mas que vem se somar a outros, apagando sobretudo o que fundava a humanidade nessa diferença de ser: a consciência da indiscutível mortalidade. Isso explica a atual dificuldade de introduzir uma civilização que fosse suficientemente forte, solidamente estruturada pelo simbólico, para equilibrar o poderio que continua em ascensão acelerada.

A morte é um limite, a expressão da própria ideia de limite. Como diziam Kojève e Lacan, leitores de Hegel: a morte é o Mestre Absoluto. Seria possível imaginar uma civilização sem limite?

Não existe limite nem para o progresso nem para o crescimento, segundo a lógica da economia em expansão e dos sistemas especializados. As civilizações de antes se sucederam por deslocamento dos limites. Freud, com *O mal-estar na civilização*, produz um discurso sobre as limitações, os limites, as barreiras, as censuras, as transfigurações de significados. Ele está na posição radicalmente contrária do "tudo é possível" dos hipermodernos, ou do "é proibido proibir" dos libertários modernos. As máquinas de produzir civilização não são suficientemente ativas e eficazes nas situações de sobremodernidade globalizante. Mas as máquinas de produzir poderio são hiperativas, e o próprio político tende a se colocar sobretudo a serviço das máquinas de produzir poderio. Ele entrega então a cultura aos guardiões do domínio patrimonial.

As elites outrora eram cultivadas, "civilizadas". Em nossas sociedades, tais como o senhor as descreve, como as elites se adaptam ao poderio?

Tente descobrir quais são as máquinas que têm como função produzir a elite francesa depositária de um poder: são sobretudo as "grandes" escolas superiores. As universidades são majoritariamente os lugares que se pretendem democráticos, aqueles aos quais tem acesso o maior número — uma grande parte dos 80% de uma faixa etária de bacharéis. Todos tentam a sorte, mas muitos desistem rapidamente. São as grandes escolas que profissionalizam e algumas universidades especializadas e seletivas dispostas a fazer secessão. Temos Dauphine, Compiègene no terreno das técnicas e ciências aplicadas, as grandes escolas de comércio, de gestão, de informática, que se desenvolvem. Todas elas são "máquinas" de produzir elite. Cada vez menos as universidades e ainda menos as igrejas, que formam uma elite assumindo a performance, a validação pelo resultado. A universidade já não garante, como outrora, a manutenção de um aparelho de *democratização* em bom estado de funcionamento, pelo conhecimento e a cultura. É o que se viu nas eleições francesas recentes, muitas vezes sendo difícil encontrar um número suficiente de pessoas capazes e dispostas a se candidatar para assumir responsabilidades locais. Essas elites provinciais, essas elites políticas cultivadas, esses Jaurès, Herriot e Blum, outrora célebres, deixaram poucos descendentes. Hoje, os técnicos do político tomam o lugar deles e contribuem para a autoridade da política "assistida" pelos sistemas especializados. Incumbe-se o "Supremo", ou seja, o detentor da função política suprema, de dizer a decisão, de sustentar o simbolismo do poder, de exercer a representação fora, assegurando a salvaguarda dos cidadãos. Neste momento, na França, assistimos a um movimento de balanço e oscilação por efeito do voluntarismo supremo confrontado com a teimosia dos fatos geradores de crise, com a fluidez das situações. Mas ainda resta uma expectativa de capacidade gestora, de governança, de especialização. Que está acontecendo sob a nova presidência francesa? Assistimos a uma sucessão de comissões que prosperam, gratificando aliados e pretendentes, com esse resultado surpreendente: uma comissão que trabalhou durante vários meses apresenta uma série de mais de trezentas propostas vinculadas (logo, a serem realizadas em conjunto) para produzir uma modernização econômica e, portanto, social do país. É como se fossem outras tantas "estruturas elementares" da ação política devendo remediar a longa crise de indolência, por sinal desestabilizadas pela catástrofe financeira de 2008.

Qual é atualmente o lugar do que o senhor chama de "imemorial" (em seu livro Conjugaisons [Conjugações]) *no interior dos "novos novos mundos"?*

Terrível pergunta! Posso imediatamente identificar o imemorial de maneira pessoal, por experiência, de certa forma. Eu tenho um elemento de imemorial, vocês também, todo mundo. Todos temos um passado distante e esquecido que nos formou, que permanece inscrito em nós, para o qual não buscamos nenhuma cronologia. Sabemos que o recebemos, que fomos construídos com ele. Nossa maneira de apreender o mundo e de nos situar nele, nossa maneira de gerir nossas emoções e nosso corpo no atual, tudo isso, entre outras coisas, não depende inteiramente de nossas sensações e de nossas decisões no presente. O imemorial é o que nos "conduz" sem cronologia, sem relação claramente datada com a história coletiva, numa série de momentos de ativação que dizem respeito à história individual. É por isso que não temos obrigação de fazer um trabalho de memória, por isso é que não temos necessidade de reencontrar lugares de memória materializados. Nós o temos presente em nós mesmos como se ele estivesse fora do tempo, fora da história, vindo de outra parte, como uma fonte do "começo" que alimenta a formação da pessoa, sem que precisemos nos remeter necessariamente a datas, a acontecimentos marcantes, fragmentos de histórias. Carregamos nossa "arqueologia" e nossa história individuais sem ter obrigação de situar suas etapas, de datar as diferentes passagens, pois temos globalmente em nós mesmos esse estoque imemorial que modela os acontecimentos pessoais.

Entre o imemorial personalizado, individual, e o inconsciente, aparentemente vão-se estabelecendo vínculos: ambos têm uma forma e um modo de funcionamento que parecem da mesma ordem. Desse modo, tratando-se de uma época como esta em que vivemos, a questão poderia ser formulada da seguinte maneira: "Ainda precisamos do imemorial?" Estamos na consumação de uma cultura do arquivo e da memorização, de uma cultura que se baseou muito na memória coletiva e seus "conservatórios", mas fomos, simultaneamente, arremessados — há pouco tempo e com rapidez — na atualidade de uma cultura que se elabora em grande medida pelos sistemas e pelas máquinas do imediato. Esses dispositivos geradores do imediato são as causas de uma "grande perturbação": abrem um mundo inédito, no qual os contemporâneos avançam sentindo-se em parte estranhos e cegos quanto ao próprio destino. É um mundo que não tem antes nem depois temporais, que não tem muito o que fazer do trabalho de memória dos homens, individual ou coletiva. O sistema de bancos de dados e arquivos digitalizados substitui o sistema antigo, é um sistema de memórias "maquinais", no qual basta clicar. Entretanto, há um problema mais insolúvel: o que é feito dos "imemoriais" de todo um povo, de toda uma civilização, esses "imemoriais" celebrados por Victor Segalen depois de sua passagem pela Polinésia?

Nas últimas décadas, contudo, muito se tem trabalhado o conceito de arquivo. Foucault refletiu isso ao pensar as relações entre arquivo e poder. Derrida também, em Mal de arquivo. *O senhor fala do apagamento de arquivo. Será que os "sistemas maquinais" produzem arquivos sem sujeito?*

Sim. No sistema do imemorial, os arquivos são ditos "livres", não porque seriam agentes e meios da liberdade, mas por não estarem necessariamente "ligados" a momentos, lugares, agentes e acontecimentos derivados da história. São arquivos "existenciais", antes de mais nada. No universo contemporâneo, a blogosfera poderia tomar o lugar do imemorial? Basta promover a proliferação de diários pessoais continuamente abertos às reações e exigências do eu e aos outros? Questão anexa, que tem sua importância: se estivesse vivo, André Gide seria hoje em dia festejado por seu *Diário* como foi em vida? Seu *Diário* tinha a ver tanto com o imemorial pessoal quanto com as reações datadas aos acontecimentos, com essa parte que reage ao fluxo das paixões, dos desejos, das indignações

A MÁQUINA DE PRODUZIR PODER

vindas de longe. Hoje ele escreveria seu diário ou abriria um blog de humor, passível de ser consultado por todos, modificável por todos, entregue à obscenidade das curiosidades? Nessa espécie de universo em expansão, com os blogueiros, as pessoas da web e da internet — centenas de milhões de "praticantes", atualmente — efetua-se uma espécie de abrir mão pela tecnologia e seu poder-fazer crescente. A tecnologia pode incumbir-se de uma espécie de imemorial para nós e também pode nos dispensar de precisar manter a memória, de encontrar referências, longe no passado ou longe no espaço.

Esses cortes em relação ao passado — essas separações — se ampliam, desincumbindo em grande medida desse trabalho que exige voltar-se sobre si mesmo, questionar-se e, assim, interrogar os depósitos da memória. Será que não estamos incorrendo em grande risco ao nos afastarmos desses recursos? É o que eu penso: não nos definimos exclusivamente no imediato, através de estados sucessivos sem conclusão, mas na produção contínua de si: através daquilo que nos tornamos continuamente. Mas só podemos nos apresentar assim quando temos por trás esse "qualquer coisa" ao qual vincular o devir. Não nos construímos numa série de instantes, de momentos, numa espécie de fluxo sem termos identificáveis. Aquela ou aquele que tem hoje 20 anos, que vive com e através do blog, com e através das *máquinas do imediato*, com os arquivos automáticos imediatamente disponíveis a uma ordem, teria a possibilidade de se construir como *pessoa*, como fizeram as gerações anteriores? Não o creio.

O DESENRAIZAMENTO CONTEMPORÂNEO

Caberia lançar aqui a hipótese de que a repetição se expressaria a cada instante de maneira mais ou menos diferente, segundo a expressividade de cada um? Caberia contemplar que a sucessão e a continuidade, que garantem a construção e a identidade do sujeito, se produzem de maneira diferente, através das repetições de instantes sucessivos?

Você chama de "repetição" o que me parece uma simples série de adições. A repetição pressupõe um tema que volta, que é conhecido, que foi concebido em determinado momento do passado e depois ressurge em outra configuração. Numa sociedade do imediato, não é assim. Se alguém clica para consultar arquivos informáticos, está repetindo operações-máquinas, repetindo a interrogação de fontes de mesma natureza, acessos a referências passadas e a constituintes da sua história. Se não inscrever informações novas da mesma ordem, terá acesso a informações continuamente repetíveis. Se não o fizer, e em princípio nada obriga a fazê-lo, a prática cotidiana e contínua dessas máquinas, o respeito das limitações técnicas têm como resultado uma adição de momentos e efeitos, e não uma repetição criativa. Abre-se uma sequência de resultados, de "respostas". O que caracteriza esse universo é que engendra a ação no próprio momento, permite esquecer o passado e torna pouco claro o que está por vir. É uma espécie de enfermidade para os contemporâneos, para essas pessoas do século XXI que nós somos. A repetição remete a um antes, a um passado, ao passo que hoje somos levados a viver uma adição de instantes, como se o estado de atemporalidade — de falta de gravidade temporal — se tornasse o estado normal: o estado do eterno presente e, em um plano completamente diferente, da inacabável juventude.

Essa repetição não oferece, assim, possibilidade de expressar diferença em relação ao passado, ao presente e ao futuro. Seria antes um acúmulo de informações que entrava e até mesmo detém o pensamento. Isso não explicaria o fato de termos hoje mais informação e menos pensamento?

Que acontece quando o ser existe numa soma de instantes, quando não tem um vínculo bem identificado para trás nem um apego previsível para a frente? Assim como se constitui uma sociedade fluida, forma-se também uma personalidade fluida, debilmente estruturada. Estamos em algo mole, impreciso. O grande problema é saber que tipo de homem se "constrói" nesse mundo. São construídos homens que *devem* realizar uma nova humanização, talvez completamente diferente, criar civilização na sucessão dos instantes, na crescente mediação instrumental da relação com o outro. Tenho a impressão de que pode surgir daí um homem de *gozo*, compelido apenas a adicionar momentos de gozo. É verdade que esta época é menos propícia à busca da felicidade, no sentido em que era entendida no século XVIII, quando ainda era uma ideia nova. Não são períodos de felicidade, antes momentos de gozo adicionados uns aos outros. Os teóricos do festivo, inclusive nas ciências sociais, proliferam. O que tentam dizer não é: "A festa nos constrói a partir do desejo e das emoções, ela ritma o encaminhamento do desejo, o ciclo das emoções e de sua intensidade", mas: "A festa é o gozo tomado no momento, mantido e se possível aumentado por outros momentos próximos a serem capturados." A questão dominante é ainda mais geral. Não se vai gerar um humano de difícil definição? Ele será então efêmero; a qualquer momento, não será possível defini-lo nem vinculá-lo aos outros de maneira duradoura. Ele será aquilo que dele fizerem os momentos, um sujeito móvel, efêmero, determinado pela sequência de situações extremamente móveis: um humano sem necessidade aparente de ser definível. E eu questiono os psicólogos. Como apreendem esse estado de instabilidade, de identificação tendencialmente fraca?

Um "sujeito contextual" é entregue ao gozo, o que ilustra a hipótese psicanalítica e lacaniana sobre a atualidade. As relações com o desejo são mais complicadas, mas não se poderia dizer que existe uma oposição entre o "sujeito contextual" e o sujeito que tem uma relação com o imemorial?

Sim, os sujeitos inscritos numa temporalidade em que o imemorial continua diretamente "interrogável" estabelecem uma relação entre o presente, os passados e o futuro desejável de uma forma permanente e criativa. Já com o sujeito contextual, é como se vivesse numa espécie de

A MÁQUINA DE PRODUZIR PODER

presente que transcorre continuamente, sem fonte reconhecida nem escoadouro identificado. Que lugar ocupa atualmente o imemorial nessas quase-sociedades? Eis a questão. O "fragmentário" acarreta consequências em cadeia: a expressividade ligada ao momento é imediatamente apagável, o simbolismo se apaga ou se esvazia e deixa o problema da identidade e dos referenciais sem respostas suficientes, fixadas.

É possível situar-se quando não há continuidade, sucessão de momentos diferenciados? Será que ainda se pode falar de sujeito, ou mesmo de eu?

A construção da relação com os outros é desestabilizada. No presente contínuo, a relação centrada em si mesmo é aparentemente mais bem definida do que a relação com o outro. Trate-se das identidades individuais ou coletivas, é sempre o confronto com uma mesma dificuldade de se classificar num presente contínuo no qual as outras temporalidades se apagam. Do ponto de vista psicanalítico, não é mais Édipo — e a questão da origem — mas Hamlet — e a questão do ser — que devemos aqui evocar. Ser ou não ser: quem sou, como posso existir como "pessoa", reencontrando a duração e a diferença?

A crise institucional, a crise dessas ordens que contribuem para moldar a "pessoa", esses duplos enquadramentos que formam as condições próprias para se construir e se projetar numa história, numa "narrativa", essas crises não têm uma conclusão já previsível. É o deslocamento das modelagens. Tornamo-nos pouco capazes de dizer quem são *realmente* nossos contemporâneos. Um novo grande corte na história da espécie se produziu antes do fim do século XX e depois é o mergulho numa aventura ainda cega. A nossa.

Deveríamos nos questionar sobre nosso desconhecimento da genealogia e das rupturas, questionar quais são as peripécias do pensamento e do inconsciente hoje em dia. Diante do desconhecido, do inédito, e também do inusitado, as categorias de pensamento disponíveis estão ultrapassadas, elas dizem ontem, ainda dizem mal o *fluido hoje*. Michel Foucault teve a intuição desse abalo; seu livro de maior repercussão, se não o mais acabado, *As palavras e as coisas* (1966), é anunciador. Seus últimos textos dedicados ao surgimento do "biopoder" frisam a ruptura pela instrumentalização do "vivo", a passagem a uma outra história do homem biológico e, para além, a intuição do homem tecnicizado por incorporações múltiplas (cabe lembrar sua expressão: a física desalojou a metafísica). Foucault foi visto como um estruturalista, mas era dissonante nesse movimento. Em Foucault, um lugar considerável é ocupado pela história, pelas rupturas, o que deveria ter corrigido o mal-entendido. Ele buscava as bifurcações e o sentido das configurações novas que se inscrevem no movimento histórico, ligava o arquivo e a genealogia do atual.

Pelo exame desses momentos de passagem em que uma estrutura é desestabilizada, desconstruída, estaríamos próximos de Balandier ou de Foucault?

A MÁQUINA DE PRODUZIR PODER

Existe em Foucault um constante confronto entre o atual e o arquivo. O atual também é uma condição de possibilidade do arquivo. Foucault sabia do desconforto da decifração do atual e da impossibilidade, por assim dizer, de chegar a uma interpretação do atual *exclusivamente* através da atualização. Minha *démarche* radicaliza mais, ela assinala uma nova era, que não repete o *New Age* místico e libertário de outrora, mas nasce da Grande Separação ocorrida na virada do século passado.

A dominação, o poderio contínuo, seria compatível com a subjetividade?

O poder em geral é o que impõe a conformidade a todo sujeito, o que normaliza por afirmação da regra e da lei. O apelo à subjetividade determina a volta do sujeito e de sua capacidade de iniciativa, de dissidência, de distanciamento. Ele ressurge após um período de desaparecimento, ao influxo do estruturalismo e do *Nouveau Roman*. Hoje, há quem anuncie a volta do sujeito e do ator: mas que sujeito, que ator, em que estado, na atual instabilidade?

Permitam-me assumir o risco de esboçar figuras desse tempo recorrendo a categorias carregadas de ironia. Distingo inicialmente os *apagados*, aqueles ilustres no passado, uma categoria quase desaparecida. Depois, os *conquistadores*, ligados ao pensamento afirmativo, ao poderio técnico, aos poderes, à gestão voluntarista dos homens, à conquista pessoal buscada através de intensa produção de "resultados". Este tempo volta a ser, através deles, o das certezas de poder e saber afastar o impossível. Uma categorização paralela me leva a designar os *afirmativos* — aqueles aos quais a sobremodernidade confere certezas, meios, aquisições novas — e os *ofuscados* — fascinados pelas realizações da sobremodernidade, que estão "sob influência" e se entregam ao *laisser-faire* consumindo, utilizando o que é ao mesmo tempo novo e rapidamente acessível. Os afirmativos sabem, e acima de tudo, acreditam saber, pois dispõem dos instrumentos: os saberes especializados. Mas a especialização, competência sustentada pelos sistemas, anestesia a dúvida e a inquietação. Parte-se do princípio de que o risco e a incerteza deveriam se corrigir "mecanicamente", por assim dizer. A transcendência "dizia", inquietava e tranquilizava ao afirmar; já agora, a competência especializada e a cultura do resultado parecem tomar o seu lugar.

A exortação deve ser reiterada: é preciso partir de uma clara conscientização das culturas, dessa descontinuidade histórica e civilizatória que produz o surgimento de "novos novos mundos". Que haverá de se tornar aí o indivíduo? Os homens atuais poderiam encontrar uma nova forma da transcendência em si mesmos, o que levaria à superação da ascensão exclusiva do poderio? A transcendência poderia assumir hoje as figuras do poderio imaterial, mas com uma fraca produção de sentido. A questão, portanto, é saber de que maneira produzir sentido, no momento em que se descobrem o decrescimento de civilização e a perda ou, *algures*, o deslocamento que ativaria outros focos onde se modelarão realizações bem mais inéditas do humano.

*O texto deste livro foi composto em Sabon,
desenho tipográfico de Jan Tschichold de 1964
baseado nos estudos de Claude Garamond e
Jacques Sabon no século XVI, em corpo 11/16
Para títulos e destaques, foi utilizada a tipografia
Frutiger, desenhada por Adrian Frutiger em 1975.*

*A impressão se deu sobre papel off-white
pelo Sistema Cameron da Divisão Gráfica
da Distribuidora Record.*